JN437497

GPL

페르시안 문법 1

(A Grammar of the Persian Language 1)

문장(Sentence)

(GPL) 페르시안 문법 1 _문장

초판 1쇄 찍은 날 2009년 5월 12일 | **초판 1쇄 펴낸 날** 2009년 5월 18일
지은이 홍태경 | **펴낸이** 김승태
등록번호 제2-1349호(1992. 3. 31) | 펴낸 곳 예영커뮤니케이션
주소 (136-825) 서울시 성북구 성북1동 179-56
출판사업부 T. (02)766-8931 F. (02)766-8934
출판유통사업부 T. (02)766-7912 F. (02)766-8934

ISBN 978-89-8350-732-7(93790)

값 13,000원

GPL

페르시안 문법 1

(A Grammar of the Persian Language 1)

문장(Sentence)

머리말(پیشگفتار)

페르시아어는 문학의 관점으로 볼 때 훌륭한 언어 중 하나이다. 이란 사람들은 산문과 시를 통해 페르시아어로 아름다운 문학을 꽃피워 왔다. 페르시아어로 된 서사시는 세계적인 작품들이 많고, 페르시아 서사시인 중에는 세계적인 작가들이 존재하는데 그 중 페르도쉬는 세계의 서사시에 가장 큰 영향을 준 사람 중 하나이다.

그러나 이 훌륭한 문학작품들도 외국어로 번역을 하다 보면 작품이 갖고 있던 고유의 가치가 손상될 수 있기 때문에 페르시아 문학을 원어로 보다 정확하게 이해하기 위해 페르시아어 문법을 연구하게 되었다. 또한 객관성 있는 책으로 만들어 페르시아어를 공부하는 분들에게도 조금이나마 도움이 되고자 이란의 고등학교 교과서 3권과 대학에서 사용되거나 사용될 수 있는 교재 4권 가운데 문장 부분만을 종합하고, 연구하여 문장에 관련된 대부분의 내용을 책으로 만들게 되었다.

이란 사람들은 페르시아어 문법을 기본적으로 알고 있기 때문에 현지 문법책 안에 자세한 설명이 없었고, 더군다나 참고서는 존재하지 않았기 때문에 우리에게 없는 새로운 문법 용어와 문장의 형식과 기본 요소를 이해하고, 정리하는 데에는 많은 어려움이 있었다. 게다가 현지인들을 직접 만나며 자문을 구하였기 때문에 많은 시간이 소요되었다.

이 책 안에 페르시아어 문법 중 문장에 관련된 대부분의 내용을 적었고, 문장의 세부 부분들을 이해할 수 있도록 가능한 한 많은 설명을 하였다. 따라서 이 책을 통해 페르시아어 문법 중 문장 부분에 대해 중·고급 수준까지 공부할 수 있을 것이다.

좋은 목표를 가지고 시작한 책이지만, 짧은 유학 생활 동안 학과 공부를 병행하며 준비하다 보니 설명이 부드럽지 못하였고, 한눈에 읽으면서 이해할 수 있는 책으로까지 준비 못 한 아쉬움이 있다. 처녀작으로 내는 졸작이라 많은 부분에 실수가 있을 것이라 생각한다. 이 부분은 본인의 미숙함 때문이니 다음에 출판될 책과 발전을 위해 독자들의 질책과 질문을 부탁한다.

이 책의 출판이 가능했던 것은 항상 길을 인도해 주시는 그분과, 머나먼 유학 생활 중에도 맘으로 함께 해주시는 한국의 가족들, 신사장님과 직원들, 협력 회사들과 직원들 그리고 사랑하는 분들의 헌신적인 참여가 있었기 때문이다. 모든 분들에게 감사의 말씀을 전한다. 또한 이란에서 테니스로 건강을 유지할 수 있게 해주신 윤사장님과 이 책의 교정을 도와 주신 분들과 유학 생활 중 식사를 대접해 주신 모든 분들에게 감사의 말씀을 드린다.

이 책을 만들 때 페르시아어 문법에 대해 많은 도움을 주신 테헤란 대학교 페르시아어 문학과 교수님들(دکترعباس کی منش, دکتر دانشورکیان)과 페르시아어 문학과 학생들(عبدالرسول فروتن, علی خاوری, سعید رحیمی , جلال دهقانی,علی کیانی, نصیراسکندری)에게 감사의 말을 전한다.

끝으로 생소한 페르시아어 작업 가운데에도 인내와 정성으로 아름다운 출판을 가능하게 해주신 예영 커뮤니케이션 출판사 김승태 사장님과 편집부 직원들에게 감사를 드린다.

내용과 특징

이 책은 이란의 고등학교 교과서 3권과 대학교에서 사용되거나 사용될 수 있는 교재 4권 중 문장 부분만을 종합하고 연구하여 만든 책이다. 이 책의 수준은 중·고급 정도이고, 기초 문법은 여기에서 다루지 않았다. 문법에는 여러가지 부분들이 존재하지만 대부분은 문장 안에서 사용되므로 우선적으로 문장을 아는 것이 필요하다고 생각하여 문장편을 먼저 집필하게 되었다.

이 책의 내용은 문장이라는 전체적인 개념으로부터 시작하여 문장의 구성 요소와 형식 그리고 문장의 심도 학습을 통하여 문장의 세부적인 부분까지 공부할 수 있도록 구성하였다. 세부적인 각 항목들은 먼저 주제에 대해 설명을 하고, 그 다음 예를 통해서 실질적인 사용의 예를 보고, 예제와 연습 문제를 통해 스스로 학습한 주제에 대해 다시 한 번 탐구할 수 있도록 하였다. 약간의 예제와 연습 문제는 문학적 측면과 현지에서 사용되는, 실용성을 고려한 예문들로서 다소 어려울 수도 있다. 그러나 좀더 현지 중심적인 책으로 만들기 위해 어려운 예문이지만 그대로 사용하였다. 예제와 연습 문제의 번역은 직역을 하였다. 문장 안의 단어 하나하나가 문장 안에서 문법적 역할을 감당하기 때문에 의역을 하면 문장에 관련된 문법을 세부적으로 이해하는데 도움이 되지 않는다. 그래서 다소 딱딱할 수도 있지만 문장의 해석은 단어를 일대일로 번역하는 직역을 사용하였다.

문장 부분만을 책으로 만들어 하나의 주제가 다소 많은 양이 될 수도 있지만 중·고급 수준까지의 문법을 다루어 하나의 주제에 대해 심도 있게 학습할 수 있는 책으로 만들었다. 이 책을 볼 때 다음과 같은 사항을 참고한다면, 보다 쉽게 이해할 수 있을 것이다.

[ ]: [ ]속의 단어는 생략된 것 또는 영어의 표시를 나타낸다.
[=]: [=]속의 내용과 [=] 앞의 내용이 같음을 나타낸다.
☺: 문장 해석의 표시
≠, –/→: ≠, –/→의 전·후 문장이 서로 같지 않다는 의미
예: 각 항목 별 설명에 대한 예가 되는 문장
→: 다음으로 안내하는 표시
( ): 한글에 대한 페르시아어의 의미 또는 앞 단어에 대한 부연 설명, 만약 이 괄호가 앞 단어와 떨어져 있다면, 한글과 페르시아어를 구분하기 위한 묶음
« »: 페르시아어를 한글과 구분하거나 구분하기 위한 묶음
▶: 위 부분의 내용 또는 표와 도표에 대한 요약 설명
[을/를]: 페르시아어 목적어를 한글식으로 이해하기 위해 추가한 것
* 페르시아어의 특성상 페르시아어 문장들은 오른쪽에서 왼쪽으로 적었다.

목차(فهرست مطالب)

I 문장(جمله)

II 문장의 심도 학습(بررسی الگوهای رایج جمله در زبان فارسی)

III 문장의 기타 부분들(جمله ها ی متفاوت با جمله ها ی معمولی)

I 문장 (جمله)

1 문장이란? (جمله چیست؟)

문장은 단어[1] 들로 구성되어 어떤 사실과 내용, 상태, 성질 또는 동작을 나타낸다. 문장을 구성하는 이 단어들은 동사의 종류에 의해 문장의 기본 요소[2](성분)를 이루고, 서로 연결되어 주어에 대해 어떤 내용을 만든다.

2 문장의 구성(اجزای تشکیل دهنده جمله)

2-1 주부(نهاد)와 술부(گزاره)

페르시아어의 문장은 주부와 술부의 두 **구역**으로 구성된다. 물론 예외의 문장들도 있다[3]. **주부**[4]는 어떤 사실, 내용, 상태, 동작의 주체가 되는 부분이고, **술부**는 주부에 대해 어떤 사실과 내용 또는 상태나 동작을 나타내는 부분이다.

예

문장 «زنبور عسل شیره‌ی بهترین گل‌ها را می‌مکد» 안에 주부는 (زنبور عسل)이고, 술부는 (شیره‌ی بهترین گل‌ها را می‌مکد)이다. 즉 다시 말해서 (زنبور عسل)는 어떤 내용에 대한 행동의 주 주체로서 문장의 주부이고, (شیره‌ی بهترین گل‌ها را می‌مکد)는 어떤 내용으로 주어에 대해 정보를 주는 술부이다.

☺ 꿀벌은 가장 좋은 꽃들의 즙을 빨다.

---

[1] 여기서 '단어들'이라는 것은 각각 그 내부의 의미에 따라 하나의 품사가 되는 명사, 대명사, 형용사, 부사, 동사 등을 말한다.

[2] 단어들이 외부적인 기능을 갖는 것, 즉 주어, 목적어, 추가, 보어, 동사 등의 문장의 필수 기본 요소를 말한다. 물론 문장 안에 부사도 있으나 문장의 필수 요소가 아니므로 생략해도 문장의 의미에 영향을 주지 않기 때문에 문장의 기본 요소는 아니다.

[3] '주어나 동사가 생략된 예외의 문장'과 '명령문'은 일반 문장과 달리 주부나 술부가 없는 경우도 있다. '주어나 동사가 생략된 예외의 문장'은 이 책의 PAGE 111 를 참조하라.

[4] 보통 주어라 하면 하나의 단어이고, 주부라 하면 주어만 홀로 있거나 수식어들과 함께 있는 것을 말한다. 그러나 페르시아어에서는 주어를 하나의 명사의 그룹으로 분류 하는데 이 명사의 그룹은 주어만 있는 경우도 있고, 주어가 수식어구들과 함께 있어 주부와 같은 역할을 하는 경우도 있다. 따라서 페르시아어에서는 주부와 주어를 구분하지 않는다. 이하 주어와 주부를 주어로 함께 사용하겠다. 명사의 그룹은 이 책의 PAGE 28 를 참조하라.

1) 주어(نهاد)

주어는 문장 안에서 어떤 내용의 주체가 되는 부분으로 보통 술부 앞에 오고, 하나의 단어 또는 몇 개의 단어로 구성된 그룹으로 이뤄진다.

(1) 주어의 종류(انواع نهاد)

① 떨어진 주어(نهاد جدا) [5]: 보통 문장의 처음에 오는 일반적인 주어이다. 명사의 그룹[6]으로 구성되며 때때로 주어를 문장에서 생략하는 것이[7] 가능하다.

② 연결된 주어(نهاد پیوسته)[8]: 동사의 끝에 오는 인칭어미[9]이다. 이 인칭어미는 문장에서 생략할 수 없고, 동사의 수와 인칭을 결정한다[10].

참고

떨어진 주어와 연결된 주어의 공통점은 문장의 주체(주인)를 나타내는 것이다. 그러나 떨어진 주어는 주부에 위치하고, 연결된 주어는 술부에 위치하는 차이점이 있다.

2) 술부(گزاره)

술부는 주어에 대해 어떤 사실, 내용, 상태, 성질, 동작 등을 설명하는 부분으로 술부의 핵심인 동사와 문장의 기본 요소들로 구성된다. 물론 어떤 경우에는 술부는 문장의 기본 요소 없이 동사만으로 구성되기도 한다.

표 1 떨어진 주어와 연결된 주어 그리고 술부의 예

(문장) جمله			
(술부)گزاره			(주어)نهاد
نهاد پیوسته	فعل	مفعول	نهاد جدا
م	خواند	این کتاب را	من

• من این کتاب را خواندم.　☺ 나는 이 책을 읽었다.

---

[5] 주어와 떨어진 주어는 같은 의미이지만 보통 떨어진 주어 대신에 주어라는 말을 많이 사용하기 때문에 이하 **떨어진 주어**나 **주어** 모두 **주어**로 표기하겠다.

[6] 이 책의 PAGE 28 를 참조하라.

[7] 주어가 **인칭 대명사**이거나 **대칭 생략**일 때 생략하는 것이 가능하다. 인칭 대명사의 생략은 이 책의 PAGE 39 을 참조하고, **대칭 생략**은 이 책의 PAGE 127 을 참조하라.

[8] 이하 인칭어미라는 단어를 떨어진 주어 대신에 사용하겠다.

[9] 이 책의 PAGE 14 를 참조하라.

[10] 이 책의 PAGE 14 를 참조하라.

예문 1 아래 문장들을 주어와 술부의 두 구역으로 나누어라.

- زنبور عسل حشره‌ای کوچک و مفید است.
- زنبور عسل پیوسته در تکاپو و تلاش است.
- زنبور عسل بر روی گل‌های گوناگون می‌نشیند.
- زنبور عسل شیره‌ی بهترین گل‌ها را می‌مکد.
- زنبور عسل عصاره‌ی آنها را با هم می‌آمیزد.
- زنبور عسل از آنها عسل می‌سازد.

예문 1의 풀이

문장 해석	(술부)گزاره	(주부)نهاد
☺ 꿀벌은 유용하고 작은 곤충이다.	حشره‌ای کوچک و مفید است.	زنبور عسل
☺ 꿀벌은 항상 노력과 찾는 중에 있다.	پیوسته در تکاپو و تلاش است .	زنبور عسل
☺ 꿀벌은 여러 가지 꽃들 위에 앉는다.	بر روی گل‌های گوناگون می نشیند.	زنبور عسل
☺ 꿀벌은 가장 좋은 꽃들의 즙을 빤다.	شیره‌ی بهترین گل‌ها را می مکد .	زنبور عسل
☺ 꿀벌은 그것들(꽃)의 짜낸 즙을 서로 섞다.	عصاره‌ی آن‌ها را با هم می آمیزد.	زنبور عسل
☺ 꿀벌은 그것들(꽃)로부터 꿀을 만든다.	از آنها عسل می سازد.	زنبور عسل

▶ 위의 모든 문장들은 **동작의 주체와 설명의 관점**으로부터 주어와 술부의 두 구역을 갖는다. 다시 말해서 술부 안의 내용은 주어를 설명하는 것이고, 주어는 술부의 주체(주인)가 된다.

2-2 문장의 구성 요소들(عوامل تشکیل جمله)

문장을 구성하는 요소들은 **문장의 기본 요소(اجزای اصلی جمله)**와 **인칭어미(شناسه)**가 있다. 이 것들은 문장의 필수 요소로서 문장 안에서 생략할 수 없다. 이외에 문장의 구성 요소들은 수식어구에 속하기 때문에 문장에서 생략할 수 있다.

1) 문장의 기본 요소들(اجزای اصلی جمله)

(1) 주어(نهاد)

주어는 문장이 나타내는 상태나 동작의 주체이고, 주부의 중심이다. 주어는 명사, 대명사 또는 명사 상당어구(부정사, 명사절)가 올 수 있다.

(2) 동사(فعل)

동사는 술부의 중심이 되는 말로서 주어를 제외한 문장의 다른 기본 요소들과 함께 주어의 동작, 상태, 성질 등을 나타내는 말이다.

(3) 목적어[11] (مفعول)

동사가 나타내는 동작의 대상, 즉 목적이 되는 말로서, 보통 동사 앞에 온다. 목적어는 명사, 대명사, 명사 상당어구(명사절, 부정사)가 올 수 있다. 페르시아어에서는 보통 목적어 다음 목적어의 안내 기호[12] «را»가 온다.

(4) 동사의 추가[13] (متمم فعل)

추가는 동사 전용의 전치사[14]와 함께 문장 안에 추가되는 명사의 그룹이다.

(5) 보어[15] (مسند)

보어는 연결 동사[16]에 의해 주어에 연결되어 주어의 상태, 성질 등을 나타내는 말이다. 보어는 형용사, 명사, 명사 상당어구(명사절)와 형용사 상당어구(형용사절) 등이 올 수 있다.

예문 2 아래 예문들에 문장의 기본 요소(주어, 동사, 목적어, 추가, 보어)를 구별하라.

۱- علی آمد.

۲- علی دوستش را دید.

۳- علی خوشحال است.

۴- علی با دشمن جنگید.

۵- علی کتاب را از دوستش گرفت.

예문 2의 해설

위의 모든 문장들은 동일하게 주어 (**علی**)를 갖고, 각 문장 별로 아래와 같은 기본 요소들을 갖는다.

۱번 문장은 문장의 기본 요소로 동사 (**آمد**)이 사용되었다.

۲번 문장은 문장의 기본 요소로 동사 (**دید**)과 목적어 (**دوستش**)가 함께 사용되었다.

۳번 문장은 문장의 기본 요소로 동사 (**است**)와 보어 (**خوشحال**)이 함께 사용되었다.

۴번 문장은 문장의 기본 요소로 동사 (**جنگید**)와 추가 (**دشمن**)이 함께 사용되었다.

۵번 문장은 문장의 기본 요소로 동사 (**گرفت**)와 추가 (**دوستش**), 목적어 (**کتاب**)이 함께 사용되었다.

☺ 알리가 왔다.(۱) ☺ 알리는 그의 친구를 봤다. (۲) ☺ 알리는 기쁘다.(۳)

☺ 알리는 적과 함께 싸웠다.(۴) ☺ 알리는 책을 그의 친구로부터 취했다.(۵)

---

[11] 이 책의 PAGE 43 를 참조하라.

[12] 이 책의 PAGE 45, 46 을 참조하라.

[13] 이 책의 PAGE 56~60 을 참조하라.

[14] 이 책의 PAGE 57 을 참조하라.

[15] 이 책의 PAGE 68 를 참조하라.

[16] 이 책의 PAGE 68 를 참조하라.

2) 인칭어미(شناسه)

인칭어미는 주어의 인칭[17] 과 수[18]에 따라 변화하는 동사의 어미이다. 페르시아어의 모든 동사들은 문장 안에서 사용될 때 주어의 인칭과 수에 일치하는 전용의 **인칭어미**를 갖는다. 인칭어미가 동사에 오기 때문에 **동사의 인치어미**라고도 부른다.

(1) 인칭어미와 주어의 일치(مطابقت نهاد جدا و نهاد پیوسته)

① 인칭어미는 주어의 수(شماره)와 일치한다.

동사의 인칭어미는 보통 주어의 **수**(단수[مفرد]와 복수[جمع])에 일치한다.

표 2 **인칭어미**와 **주어의 수**(단수, 복수)의 일치

(복수 동사)جمع	(복수 주어)جمع	(단수 동사)مفرد	(단수 주어)مفرد
می دوَند	اسبان	می دوَد	اسب

▶ 위의 두 문장 중 **단수 주어** «اسب»가 있는 문장은, **단수의 인칭어미** د ـَ가 동사의 끝에 오고, 복수 주어 «اسبان»가 있는 문장은, **복수의 인칭어미** ند ـَ 가 동사의 끝에 온다.

☺ 말이 달린다. 말들이 달린다.

② 인칭어미는 주어의 각 인칭들(شخص)과 일치한다.

동사의 인칭어미는 주어의 각 인칭(1, 2, 3 인칭)과 일치한다.

③ 인칭어미는 주어의 **수(복수, 단수)와 인칭**(1, 2, 3 **인칭**)에 일치한다. 다음의 **표 3**은 인칭어미가 주어의 수와 인칭에 전용으로 일치하는 것을 나타낸다.

---

[17] 주어의 1, 2, 3 인칭을 말하는 것이다.

[18] 주어의 단수와 복수를 말하는 것이다.

표 3 **인칭어미**와 **주어의 수와 인칭**의 일치

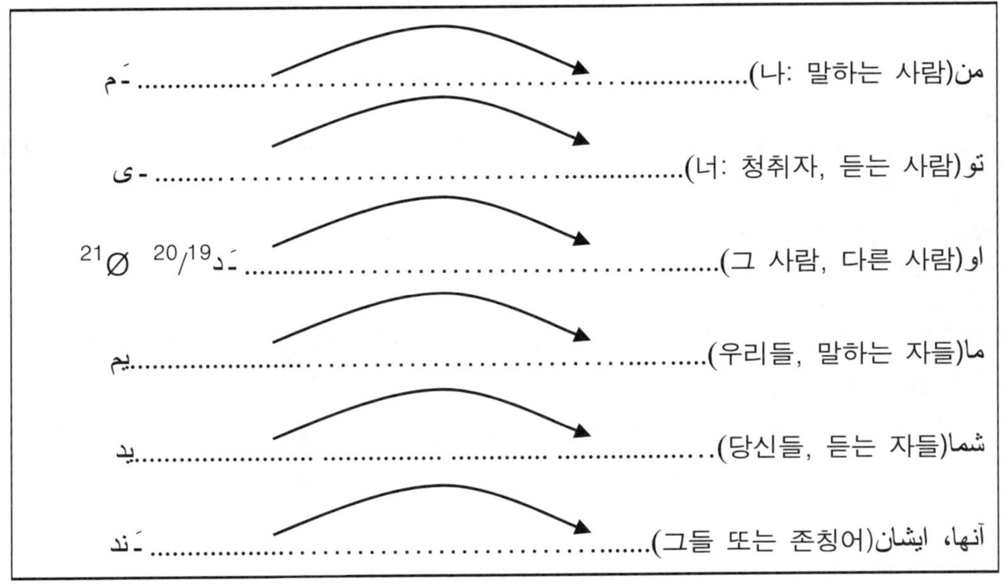

④ 위의 표 3을 예문을 추가하면 아래의 표 4와 같이 된다.

표 4 **인칭어미**와 **주어의 수와 인칭**의 일치의 예문

فعل جمع(복수의 동사)		شخص نهاد جمع (복수 주어의 인칭)	فعل مفرد(단수의 동사)		شخص نهاد مفرد (단수 주어의 인칭)
شناسه‌ی جمع (복수의 인칭어미)	فعل 동사		شناسه مفرد (단수의 인칭어미)	فعل 동사	
يم	مى رو	ما (1인칭: اول شخص)	ـَم	مى رو	من (1인칭:اول شخص)
يد	مى رو	شما (2인칭:دوم شخص)	ى	مى رو	تو (2인칭:دوم شخص)
ـَند	مى رو	آنها، ايشان (3인칭:سوم شخص)	ـَد	مى رو	او (3인칭:سوم شخص)

[19] **تكواژ** 《ـَد》는 3 인칭 단수 현재시제에 사용한다.

[20] « / »의 기호는 '또는« **يا** »'의 의미이다.

[21] **تكواژ** 《 Ø 》는 과거 가능형 시제를 제외한 **3 인칭 단수의 과거형 동사들**(과거 단순 시제, 과거 진행형, 과거 완료형, 현재 완료형 시제), 2 인칭 단수 부정 명령법, 2 인칭 단수 명령법의 동사들은 인칭어미가 없는 것을 나타낸다.

▶ 언제라도 주어에, (من)이 오면, 동사의 인칭어미는 (ـَم)이 오고, 주어에 (ما)가 오면, 동사의 인칭어미는 (يم)이 온다. 이와 같은 방법으로 나머지 주어(تو، او، شما، ايشان)들도 전용의 인칭어미들을 갖는 다.
☺ 나는 간다. 너는 간다. 그는 간다. 우리는 간다. 당신들은 간다. 그들은 간다.

참고

인칭어미는 주어와 일치하지만 의미는 없다. 그러나 인칭어미가 동사의 끝에 오기 때문에 동사의 표시는 인칭어미이다. 즉 인칭어미가 있는 단어가 동사이다. 또한 인칭어미가 주어의 수와 인칭에 일치하기 때문에 주어가 생략된 경우에도 인칭어미의 수와 인칭으로 주어를 찾을 수 있다.

(2) 인칭어미와 주어 이외의 문장의 구성 요소들(اجزای دیگر جمله بجز نهاد و نهاد پیوسته)

주어와 인칭어미는 일치하지만 주어 외에 문장의 구성 부분들, 즉 목적어, 보어, 추가, 부사 등은 인칭어미와 일치하지 않는다. 즉 다시 말해서 문장의 구성 요소들이 단수 또는 복수가 될지라도 인칭어미가 단수 또는 복수가 되는 것에는 영향을 주지 못한다.

① 인칭어미는 주어가 단수일 때 단수가 오고, 주어가 복수일 때 복수가 온다.

نهاد مفرد　　　　　　فعل مفرد

• دانشجوی هوشمند هر روز بر دانش خود می‌افزایَد.

☺ 현명한 대학생은 매일 스스로의 학문을 성장시킨다.(단수 주어와 단수인칭어미)

نهادجمع　　　　　　فعل جمع

• دانشجویان هوشمند هر روز بر دانش خود می‌افزایَند.

☺ 현명한 대학생들은 매일 스스로의 학문을 성장시킨다.(복수 주어와 복수인칭어미)

② 주어가 단수일 때 문장의 다른 구성 요소들이 복수일지라도 인칭어미는 단수가 온다.

• در زمان های قدیم مرد تنگ دستی در سرزمین های دوردست با اوضاع پریشانی زندگی می کرد.

☺ 과거의 시대들에 빈곤한 남자는 떨어진 국토들 안에 괴로운 상태들로 살았다.

그러나 주어가 복수이면 인칭어미도 복수가 온다.

• در زمان قدیم مردان تنگ دستی در سرزمین دوردست با وضع پریشانی زندگی می کردند.

☺ 과거의 시대에 빈곤한 **남자들은** 떨어진 국토 안에 괴로운 상태로 **살았다**.

(3) 주어와 인칭어미의 불일치(مطابقت نکردن نهاد جدا و نهاد پیوسته)

주어와 인칭어미는 수와 인칭의 관점으로 보면 일치하는 것이 기본이다. 그러나 아래의 경우에는 예외이다.

① 존경을 위하여: 단수 주어 → 복수 인칭어미

존경을 나타내는 경우에는 단수 주어에도 복수의 인칭어미가 온다.

• استاد ادبیات به کلاس آمدند.

☺ 문학 교수님이 교실에 오셨다.

만약 위 문장과 같이 존칭의 경우 주어가 인칭 대명사로 온다면, 단수의 인칭 대명사는 복수의 인칭 대명사로 교환되고, 주어가 복수로 변하기 때문에 동사의 인칭어미도 복수가 온다.

• او استاد ادبیات فارسی هست. ← ایشان استاد ادبیات فارسی هستند.

☺ 그는 페르시아 문학의 교수이다. → 그분은 페르시아 문학의 교수이시다.

② 생명[22]이 없는 주어를 위하여: 복수 주어 → 복수 또는 단수의 인칭어미

사람과 동물을 제외한 생명이 없는 복수 주어의 경우에 인칭어미는 단수 또는 복수가 온다.

• همین نهال های کوچک روزی میوه خواهد داد.
• این ظرف‌ها شکستنی است.
• در این ناحیه کوهستانی، چشمه های آب گرم فراوانی از زمین می‌جوشد/ می‌جوشند.
• گلها شکفته می‌شوند / می‌شود.

☺ 바로 이 작은 어린 나무들은 어느 날 열매를 맺을 것이다.

☺ 이 식기들은 부서지기 쉽다.

☺ 이 산지의 지역에, 풍부한 더운 물의 샘들(샘물)은 땅으로부터 솟아오른다.

☺ 꽃들이 피다.

그러나 만약 인간의 인격이, 생명이 없는 복수 주어에 주어진다면, 인칭어미와 주어의 일치는 의무이다.

• گلهای سرخ به رهگذران لبخند می‌زدند.

☺ 붉은 꽃들은 보행자들에게 선웃음쳤다.(과거 진행형)

③ 약간의 부정대명사들을 위하여: 부정대명사 → 복수 또는 단수의 인칭어미

هر کدام ،هریک، هیچ کدام ، هیچ یک와 같은 약간의 부정 명사들을 위하여 인칭어미가 복수 또는 단수가 오는 것이 가능하다.

• هر یک از شاعران نامدار ایران مثل ستاره‌ای در آسمان ادب فارسی می‌درخشند.
• هریک از حاضران به نوبت بر می‌خاستند/ برمی خاست.

☺ 유명한 이란의 시인들 가운데 누구라도 하늘의 별과 같이 페르시아 문학을 빛나게 한다.

☺ 출석자들 가운데 누구라도 순서에(따라) 일어났었다.

[22] 페르시아어에서는 생물을 사람과 동물로만 생각한다. 식물은 생물로 생각하지 않는다.

④ 예외로 (گله، رمه، کاروان، قافله ...)의 집합명사 또는 군집명사가 인격이 없는 주어일 때 그것들의 인칭어미에는 단수가 오고, 반대로 이 단어들에 인격이 주어지면 항상 복수의 인칭어미가 온다[23].

(4) 주어와 인칭어미의 불일치에 대한 도표 요약

(خلاصه ی نمودار مطابقت نکردن نهاد جدا و نهاد پیوسته)

주어와 인칭어미는 일치가 원칙이지만 다음과 같은 경우에는 불일치가 발생한다.

* 명사 또는 인칭 대명사의 주어가 존칭으로 사용되는 경우
* 주어에 있어 생명의 유·무
* 부정 대명사의 주어
* 집합명사 또는 군집명사가 인격 없이 사용되는 경우

① 주어와 인칭어미의 불일치에 대한 요약 도표

표 5 주어와 인칭어미의 불일치의 도표

불일치의 경우	세부 조건	변화되는 것
주어에 대한 존칭의 경우	생명이 있는 단수명사	인칭어미: 단수 → 복수
	생명이 있는 복수명사	없음
	인칭 대명사	주어: 단수 → 복수
		인칭어미: 단수 → 복수
주어에 대한 생명의 유·무	생명이 없는 단수명사	없음
	생명이 없는 복수명사	인칭어미: 단수 → 단수 또는 복수
부정 대명사의 주어	생명이 있는 명사	인칭어미: 단수 또는 복수
	생명이 없는 명사	인칭어미: 단수 또는 복수
집합명사의 주어	생명이 있는 집합명사	인칭어미: 단수 또는 복수
	생명이 없는 집합명사	인칭어미: 단수

[23] 집합명사가 직접 사람을 나타내고, 이것에 인격을 나타낼 때 동사의 인칭어미는 복수형이 온다.

예: مردم

그러나 집합 명사가 사람들의 집합을 나타내지만 인격이 표현되지 않을 경우 즉 모임의 특성을 나타내는 집합명사 또는 군집명사라면 동사의 인칭어미는 단수형이 온다.

예: گله، رمه، کاروان، قافله

② 주어의 종류에 따른 인칭어미의 수(단수, 복수)의 도표

표 6 주어에 따른 동사의 수(단수, 복수)의 목록

(동사)فعل	(주어)نهاد	명사의 종류와 생명의 유·무
مفرد/جمع جمع	مفرد: پیامبر (فرمود، فرمودند) جمع: انسان ها... می توانند....	اسم جاندار (생명이 있는 명사의 존칭)
مفرد مفرد/جمع* جمع	مفرد: سنگ افتاد. جمع: سنگ ها افتاد. جمع(به هنگام جان بخشیدن به اشیاء): گل ها خندیدند.	اسم بی جان (생명이 없는 명사)
مفرد جمع مفرد/جمع مفرد	قافله، کاروان ، لشکر، سپاه ، دسته (عزاداران) مردم ملت مجلس ، شورا، هیئت، گروه، مجمع	اسم جمع جاندار (생명이 있는 집합명사)
مفرد	دسته (اسکناس، سبزی، چوب و...)	اسم جمع بی جان (생명이 없는 집합명사)
مفرد مفرد/جمع	یکی، کسی، هرکسی هریک، هرکدام، هیچ یک، هیچ کدام	اسم مبهم جاندار (생명이 있는 부정대명사)
مفرد/جمع*	بعضی	اسم مبهم بی جان (생명이 없는 부정대명사)

③ 존칭에서 주어로 사용된 **인칭 대명사**의 변화

만약 수신인에게 존경을 표현하기를 원한다면 인칭 대명사 «تو» 대신에 인칭 대명사 «شما»가 사용된다. 물론 인칭어미 또한 인칭어미 «ی» 대신에 인칭어미 «ید »를 활용된다.

☺ 너는 갔다. → 당신은 가셨다. • تو رفته بودی ← شما رفته بودید.

또한 인칭 대명사 «او»도 인칭 대명사 «ایشان»로 바뀐다. 존칭에서 주어로 사용된 **인칭 대명사**와 **인칭어미**의 변화를 정리하면 표 7과 같다.

---

* 현대의 페르시아어에서 말의 경향 안에 **주어**와 **인칭어미**의 일치 위에 있다.

예 ☺ 돌들이 떨어졌다. • **سنگ ها افتاد/افتادند.**

☺ 책들 가운데 약간은 유익하다. • **بعضی از کتاب ها سودمند است/ ـَ ند (هستند)**

표 7 존칭에서 주어로 사용된 **인칭 대명사**의 변화

(페르시아어 안에 존칭의 인칭 대명사들의 인칭) ضمیرهای شخصی در فارسی مؤدبّانه				
(연결된 대명사들[24])ضمیرهای پیوسته		(떨어진 대명사들: 주어, 목적어)ضمیرهای جدا		
(복수)جمع	(단수)مفرد	(복수)جمع	(단수)مفرد	شمار / شخص
ـِمان	ـَت ← ـِمان	ما	من	(1인칭)اولّ شخص
	ـَت ← ـِتان	شما	تو ← شما	(2인칭)دوم شخص
	ـَش ← ـِشان	ایشان	او ← ایشان	(3인칭)سوم شخص

▶ 첫 번째 단수 인칭 대명사 «من»은 나 자신이기 때문에 존칭으로 사용할 수 없지만, 가끔 «ما»의 형태로 나타내는데 이것은 **작가**들과 **연설자**들이 독자와 청취자를 자신과 함께 참여시키기 위해 사용한다.

- من معتقدم. ← ما معتقدیم. ☺ 나는 확신한다. → 우리는 확신한다.

④ 존칭어에서의 인칭어미의 변화

인칭어미 또한 정중한 페르시아어 안에서 변화를 갖는다. 즉 다시 말하면 인칭 대명사로 된 주어가 존칭에서 바뀌는 것과 같이 인칭어미도 바뀐다.

표 8: 존칭에 따른 인칭어미의 변화

(복수)جمع	(단수)مفرد	شمار / شخص
رفتیم	←رفتم	(1인칭)اول شخص
رفتید	←رفتید	(2인칭)دوم شخص
رفتند	←رفتند	(3인칭)سوم شخص

▶ 첫 번째 단수 인칭의 동사 «رفتم»는 또한 가끔 복수의 형태로 활용된다. 이 상태는, **이야기하는 사람** 또는 **작가가**, 스스로의 글과 말을 다수의 생각으로 알고 사용하는 것이다. 개인이 아니다.

⑤ 존칭과 낮춤의 경우에 사용되는 단어들

존칭 또는 낮춤의 경우에는 또한 단어들을 선택하여 사용할 수도 있다. 같은 의미의 단어라 할지라도 상대방을 높이거나 자신을 낮추는 뜻을 가진 단어로 바꾸어 표현할 수 있다.

---

[24] **연결된 인칭 대명사**는 연결의 소유대명사(**ضمیر ملکی پیوسته**), 목적어, 추가 등으로 사용되거나, 복합 동사에서 목적어로 사용될 때 동사 가운데 사용된다.(PAGE 48~49 를 참조하라)

예: ☺ 나의 책.(소유대명사) • **کتابم**.(**ضمیر ملکی**)

표 9 존칭과 낮춤의 경우 단어들의 선택

گونه ی مؤدبانه (정중한 방법)		گونه ی معمولی (보통의 방법)
درباره ی مخاطب (수신인에 대하여: 높임)	درباره ی خود (자신에 대하여: 낮춤)	---------
-----	بنده - اینجانب	من
شما/ حضرتعالی / جناب‌عالی/سرکار	-----	تو
تشریف آوردن/ تشریف فرما شدن	خدمت رسیدن/ مشرف شدن	آمدن
تشریف بردن	مرخص شدن/ رفع زحمت کردن	رفتن
فرمودن	عرض کردن/ به عرض رساندن	گفتن
میل کردن/فرمودن، نوش جان کردن	صرف کردن/ صرف شدن	خوردن
مرحمت کردن	تقدیم کردن	دادن
تشریف داشتن	در خدمت بودن	بودن
امر/ اراده کردن/ فرمودن	استدعا/ خواهش / تمنا کردن	خواستن
		....

▶ 그동안에 존경을 위하여 명령의 동사에 «بفرمائید»가 모든 동사 대신에 활용되었다.

예: بخورید، بخوانید، بنویسید، بنشینید و...

☺ 드십시오, 읽으십시오, 쓰십시오, 앉으십시오.

실제로 이 문장들은 기본 동사 (بفرمایید) 다음에 오는 동사들(بخورید، بخوانید، بنویسید، بنشینید) 이 생략된 것이다.

• بفرمایید بنشینید.

☺ 미안하지만(실례하지만) 앉으십시오.

주의

페르시아어의 동사 끝에는 주어의 수와 인칭에 대응하는 전용의 인칭어미가 온다. 그러나 한글에는 이러한 인칭어미가 없고, 주어의 인칭과 수에 관계없이 동사의 어미가 모두 동일한 모양을 갖는다. 따라서 페르시아어를 한글로 번역할 때 우리의 동사의 표현으로는 인칭어미를 해석할 수 없다. 예를 들어 이것은 한글에는 조사가 있지만 영어에는 조사가 없어 한국어를 영어로 번역할 때 조사가 생략되는 것과 같이 페르시아어를 한국어로 번역할 때 인칭어미는 생략되고, 동사는 일정하게 해석된다.

3) 다수의 인칭을 갖는 주어에 대한 인칭어미 결정

(اگر نهاد بیش از یک شخص داشته باشد شناسه به چه صورت می آید؟)

주어와 인칭어미의 일치를 결정할 때 주어가 표 3 과 같이 온다면 인칭어미를 결정하는 것은 쉬울 것이다. 그러나 만약 문장의 주어가 아래와 같이 온다면, 이것의 인칭어미를 결정하는 것은 쉽지 않을 것이다.

- تو و حسن...
- حسن با تو...
- حسن با عمویش...

(1) 만약 من 또는 ما가 다른 인칭(2, 3 인칭 단수와 복수, ایشان ،شما ،او ،تو)과 함께 주어에 놓인다면, 인칭어미(동사)는 '**첫 번째 복수의 인칭(یم)**'의 형태로 온다. 즉 주어는 '**우리(ما)**'라는 의미가 되고, 동사의 인칭어미는 주어에 따라 (یم)이 온다.

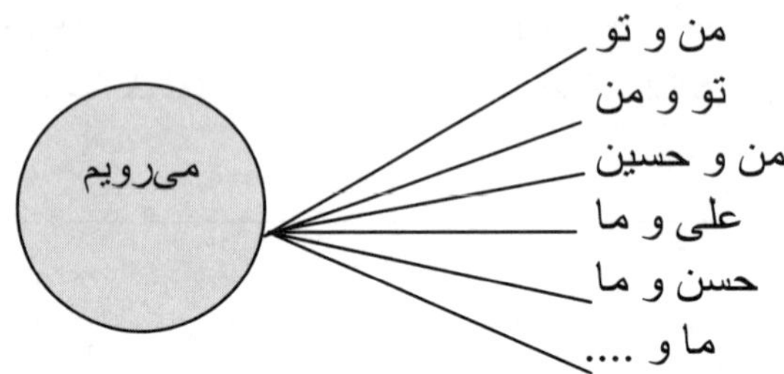

(2) 만약 تو 또는 شما가 다른 인칭(3 인칭 단수, 복수, ایشان ,او)과 함께 من과 ما를 제외하고 놓인다면, 인칭어미(동사)는 '**두 번째 복수의 인칭(یـد)**'의 형태에 온다. 즉 주어는 '**당신들(شما)**'이라는 의미가 되고, 동사의 인칭어미는 주어에 따라 (یـد)이 온다.

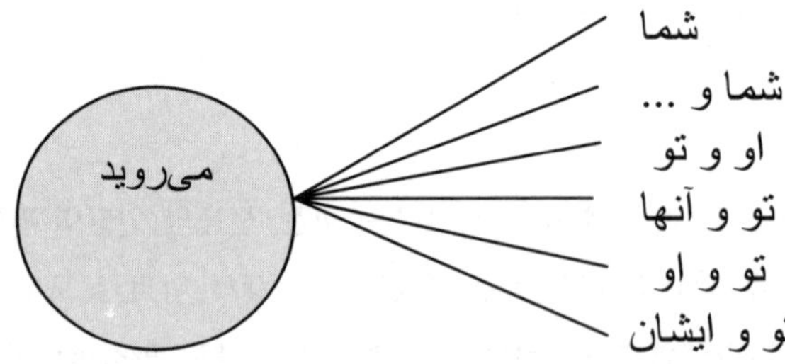

(3) 만약 «و» 대신에 «با»가 온다면, 무엇이라도 «با» 다음에 오는 단어들은 주어로 생각하지 않고, «با» 전에 단어만을 주어로 생각한다. 따라서 «با» 전에 단어와 인칭어미가 일치한다.

- من با.....(و...)　　می روم.
- تو با...　　می روی.
- او با...　　می رود.

즉 이 상태는 주어가 «با» 다음에 오는 단어와 함께 한다는 의미를 나타내는 것으로서 «با» 다음의 단어가 주어와 함께 술부의 주체가 되지 못한다. 따라서 «با» 다음에 단어는 주어로 생각하지 않는다.

3 문장의 형식(الگوهای ساخت جمله در زبان فارسی)

3-1 동사의 종류와 통행(گزاره و نوع فعل)

페르시아어는 동사의 종류[25]를 **통행**을 기준으로 **통행하지 않는 동사**(فعل ناگذر)와 **통행하는 동사**(فعل گذرا)로 나눈다.

1) 통행하지 않는 동사(فعل ناگذر)

이 동사들은 동사만으로 부족함 없이 주어를 설명할 수 있기 때문에 문장의 기본 요소들을 필요로 하지 않는다. 즉 이 동사들은 동사 스스로가 주어를 완전하게 설명할 수 있기 때문에 '문장의 기본 요소들을 문장 안에 통행시키지 않는다'는 의미로 **통행하지 않는 동사** [26] (فعل ناگذر)라 부른다. 이 동사들을 **자동사**(لازم)라고도 부른다.

2) 통행하는 동사(فعل گذرا)

이 동사들은 동사만으로 주어를 설명하는 것이 부족하여 문장의 기본 요소들을 필요로 한다. 즉 이 동사들은 '문장의 기본 요소를 문장 안에 통행시킨다'는 의미로 **통행하는 동사** (فعل گذرا)라 부른다. 이 동사들을 **타동사**(متعدی)라고도 부른다. 통행하지 않는 동사는 세부 종류를 갖지 않지만, 통행하는 동사들은 다음 표 10과 같은 세부 종류들을 갖는다.

---

[25] 예를 들어 영어는 동사의 종류를 **목적어와 보어의 유·무**에 따라 '완전 자동사와 불완전 자동사, 타동사, 완전 타동사, 수여동사, 불완전 타동사'로 나눈다. 이러한 동사들의 종류에 의해 서로 다른 문장의 형식이 만들어진다. 따라서 영어와 페르시아어는 동사를 나누는 기준과 방법 그리고 용어가 다르다. 그러므로 영문법으로 페르시아어를 이해하려고 해서는 안 된다. 페르시아어는 현지 문법과 용어를 통해 이해하는 것이 바람직하다.

[26] 예를 들어 영어의 완전자동사와 같다. 동사만이 유일하게 주어와 있고, 동사는 문장 안에 다른 기본 요소들을 갖지 않는다. 물론 부사는 문장 안에 올 수 있다.

표 10 통행하는 동사의 종류(انواع فعل گذرا)

동사의 종류	세부 종류	문장의 기본 요소
통행하는 동사 (فعل گذر)	목적어에 통행하는 동사 (فعل‌های گذرا به مفعول)	주어, 목적어, 동사 (نهاد، مفعول، فعل)
	보어에 통행하는 동사 (فعل‌های گذرا به مسند)	주어, 보어, 동사 (نهاد، مسند، فعل)
	추가에 통행하는 동사 (فعل‌های گذرا به متمم)	주어, 추가, 동사 (نهاد، متمم، فعل)
	보어와 목적어에 통행하는 동사 (فعل‌های گذرا به مفعول و مسند)	주어, 목적어, 보어, 동사 (نهاد، مفعول، مسند، فعل)
	추가와 목적어에 통행하는 동사 (فعل‌های گذرا به مفعول و متمم)	주어, 추가, 목적어, 동사 (نهاد، متمم، مفعول، فعل)
	보어와 추가에 통행하는 동사 (فعل‌های گذرا به متمم و مسند)	주어, 추가, 보어, 동사 (نهاد، متمم، مسند، فعل)

표 10의 설명

목적어를 필요로 하는 동사는 **목적어에 통행하는 동사**라 하고, 보어를 필요로 하는 동사는 **보어에 통행하는 동사**라 하며, 추가를 필요로 하는 동사는 **추가에 통행하는 동사**라 한다. 나머지 동사들 또한 이와 같은 방법으로 **보어와 목적어에 통행하는 동사**, **추가와 목적어에 통행하는 동사**, **보어와 추가에 통행하는 동사**가 된다. 따라서 문장의 주어[27]를 제외한 모든 기본 요소들에 따라 동사의 종류가 나누어지는 것이다.

예문 3: 아래의 문장들에서 동사의 통행을 구분하라.

۱- مریم دستکش می بافد.
۲- مریم با کاموا دستکش می بافد.
۳- مریم برای برادرش دستکش می بافد.
۴- مریم با علاقه‌ی تمام دستکش می بافد.
۵- مریم برای پر کردن اوقات فراغتش دستکش می بافد.
۶- مریم سال گذشته برای همه‌ی دوستانش یک جفت دستکش بافت.

---

[27] 주어는 문장의 기본 요소로서, 의무적으로 동사나 다른 것에 영향을 받지 않고 문장 안에 존재하기 때문에 동사의 통행의 조건에서 제외되고, 항상 문장 안에 있는 것으로 생각된다. 가끔 인칭 대명사와 대칭 생략으로 생략되는 경우도 있지만, 주어의 장소는 항상 기억되고, 생략된 주어를 찾아서 스스로의 장소 안에 표시하는 것이 가능하다. 물론 '**주어가 없는 문장들**(PAGE 112 를 참조하라)'에서는 주어가 없는 문장을 만드는 것이 가능하지만, 이 문장은 예외의 문장들의 묶음 안에 놓이기 때문에 페르시아어의 일반 문장으로는 생각하지 않는다.

٧- مریم تا پایان زمستان چند جفت دستکش خواهد بافت.

예문 3 의 풀이

이 모든 문장들은 «بافتن»이라는 하나의 부정사[28]로부터 동사들이 사용되었고, 모든 문장 안에 기본 요소들이 있기 때문에 «بافتن»은 **통행하는 동사**이다. 또한 주어를 제외하고 모든 문장들 안에 [29]« دستکش »가 목적어의 장소에 놓여 있다.

그러므로 동사 «بافتن»으로 만들어진 모든 문장들은 **목적어**가 항상 존재하는 것으로 결론지을 수 있다. 이 귀납의 기초 위에 동사 «بافتن»은 항상 **목적어**를 통해 그 의미가 완전해지는, 목적어를 필요로 하는 동사라는 것을 알 수 있다. 다른 말로 동사 «بافتن»은 **목적어에 통행하는 동사**이다. 그러나 추가 또는 보어와 같은 문장의 다른 기본 요소들은 동사 «بافتن»으로 만들어진 문장 안에 항상 있지 않기 때문에 동사 «بافتن»의 통행과는 관계가 없다. 왜냐하면 통행이란 말은 하나의 동사에 어떤 문장의 기본 요소가 항상 함께 하는 것을 말하는 것이기 때문이다.

☺ 마리얌은 장갑을 짠다.
☺ 마리얌은 메리야스 실로 장갑을 짠다.
☺ 마리얌은 그의 형제를 위하여 장갑을 짠다.
☺ 마리얌은 모든 애정으로 장갑을 짠다.
☺ 마리얌은 그의 휴식을 가득 채우기 위하여 장갑을 짠다.
☺ 마리얌은 작년에 그의 모든 친구들을 위하여 장갑을 짰다.
☺ 마리얌은 겨울의 마지막까지 몇 켤레의 장갑을 짤 것이다.

예문 4: 아래의 문장들에서 동사의 통행을 구분하라.

١- تمبر را به پاکت چسباندم.
٢- حدود صد هزار آگهی تبلیغاتی به در و دیوار شهر چسباندند.
٣- باید با چسب مناسب این تکه‌ها را به هم بچسبانیم.
۴- عکس‌ها را با چسب مایع به این کارت‌ها بچسبانم یا با چسب نواری؟
۵- سارا خودش را محکم به مادرش چسباند.

---

[28] 페르시아어 동사들은 부정사로부터 활용된다. 예를 들어 «بافتن»은 부정사이다. 이 부정사에서 어미 «نَ – »를 빼면, 부정사는 과거형 동사의 어근 «بافت»이 되는데, 여기에 인칭 어미를 붙이면 과거형 동사가 사용된다. 현재형 동사 및 다른 시제들의 동사도 이와 같이 부정사 «بافتن»으로부터 활용된다. 따라서 부정사와 동사는 차이가 있지만, 이 책에서는 설명의 편의상 부정사를 동사로 표현했다.

[29] 물론 마지막의 두 문장 안에 «دستکش»는 연결을 갖는다. 즉 수식어를 갖는다. 그러나 «دستکش»가 목적어가 되는 것에 영향을 주지 않는다.

예문 4의 풀이

위의 예문들에서 부정사 «چسباندن»로부터 제작된 동사들의 통행을 찾아보자. 모든 문장 안에 문장의 기본 요소들이 있기 때문에 «چسباندن»은 통행하는 동사이다. 모든 문장들은, 동사와 주어 외에 다른 두 개의 기본 요소를 갖는다.

하나는 목적어 (تمبر، حدود صد هزار آگهی تبلیغاتی، این تکه‌ها، عکس‌ها، خودش) 이고, 다른 하나는 전치사 «به»와 함께 하는 추가(پاکت، در و دیوار شهر، این کارت‌ها، مادرش)가 모든 문장 안에 놓여 있다. 그러므로 동사 (چسباندن)은 '**추가와 목적어에 통행하는 동사**'이다.

☺ [나는] 우표를 봉투에 붙였다.

☺ [그들은] 십만 번 정도 알리는 통보(고시)를 도시의 문과 벽에 붙였다.

☺ [우리는] 적당한 풀로 이 조각을 서로 붙이는 것을 해야 한다.

☺ [나는] 사진들을 액체의 풀로 이 카드들에 붙입니까 또는 테이프로 붙입니까?

☺ 쎠러는 그 스스로를 강하게 그의 어머니에게 붙였다.

3-2 통행의 기초 위에 동사들의 묶음(دسته‌بندی فعل‌ها بر پایه‌ی گذر)

페르시아어의 문장의 형식을 동사의 통행에 따라 나누면 다음과 같다.

(1) 통행하지 않는 동사들: 기본 요소를 필요로 하지 않는 동사

예: خندیدن، روییدن، مردن

(2) 목적어에 통행하는 동사들: 항상 목적어와 함께 주어를 설명하는 동사

예: خوردن، بافتن، چشیدن، کشتن

(3) 추가에 통행하는 동사들: 항상 전용 전치사의 도움으로 추가를 갖고 주어를 설명하는 동사

예: رسیدن، ترسیدن، جنگیدن، چسبیدن

(4) 보어에 통행하는 동사들: 항상 보어와 함께 주어를 설명하는 동사

예: بودن، شدن

(5) 추가와 목적어에 통행하는 동사들: 항상 목적어와 함께 주어를 설명하는 동사

예: رساندن، چسباندن، آموختن (یاد دادن)

(6) 보어와 목적어에 통행하는 동사들: 항상 보어, 목적어와 함께 주어를 설명하는 동사

예: گرداندن، پنداشتن، نامیدن

(7) 보어와 추가에 통행하는 동사들: 종종 보어, 추가와 함께 주어를 설명하는 동사

예: گفتن[30] ، (و گاهی) لقب دادن

(8) 두 개 또는 몇 개의 통행하는 동사들[31]: 의미는 변화 되지 않지만 여러 가지의 통행을 가질 수 있는 약간의 동사들

---

[30] 동사 «گفتن»은 «نامیدن»의 의미에서 **보어와 추가에 통행하는 동사**로 사용된다.

[31] 하나의 동사가 같은 의미 안에서 여러 가지의 통행으로 사용될 수 있다.

예: پختن، ریختن، گرفتن، گفتن

3-3 문장의 형식(الگوهای پرکاربرد ساخت جمله در زبان فارسی)

페르시아어 문장들은 동사의 통행에 따라 문장의 기본 요소들을 갖고, 아래와 같은 일곱 가지 종류의 문장의 혀식들이 있다.

(1) 주어[نهاد] + 동사[فعل]

예: نمونه: باران می بارد → 비가 + 온다.

(2) 주어[نهاد] + 보어[مسند] + 동사[فعل] (اسنادی: 연결 동사)

예: او حسن است → 그는 + 하싼 + 이다.

(3) 주어[نهاد] + 목적어[مفعول] + 동사[فعل]

예: بچه‌ها میوه‌ها را چیدند → 아이들은 + 과일들을 + 잘랐다.

(4) 주어[نهاد] + 추가[متمم] + 동사[فعل]

예: من از او نمی ترسم → 나는 + 그로부터 + 두려워하지 않는다.

(5) 주어[نهاد] + 목적어[مفعول] + 보어[مسند]+ 동사[فعل]

예: وزش باد هوای تهران را تمیز کرد

→ 바람이 부는 것은 + 테헤란의 공기를 + 맑게 + 한다.

(6) 주어[نهاد] + 목적어[مفعول]+ 추가[متمم] + 동사[فعل]

예: (تو) روش درست اندیشیدن را به من آموختی

→ [너는] + 좋은 방법을 생각하는 것을 + 나에게 + 가르쳤다.

(7) 주어[نهاد] + 목적어[(+را) مفعول] + 목적어[مفعول «را» بدون] + 동사[فعل]

예: آن‌ها دیوار را رنگ زدند → 그들은 + 벽을 + 색칠[을] + 했다.

참고

페르시아어 안에 모든 문장들은 '예외의 문장들[32] (동사 또는 주어가 생략된 문장들)'과 다른 예외의 한정을 제외(아래의 설명을 참조하라)하고, 위 일곱 가지 형식 중 하나에 일치하도록 만들어진다[33].

*** 다른 예외의 한정 예**

페르시아어 문장의 형식은 위 일곱가지 문장의 형식들 외에 다른 형식들도 있지만 활용범위가 적기 때문에 여기에서는 설명하지 않는다. 이것의 몇 가지만을 나열해 본다면 아래와 같다.

• «**غذای ما پخت**» ☺ 엄마의 음식이 요리되다. , «**مادر غذا پخت**» ☺ 엄마는 음식을 요리하다.

▶ 위 두 문장의 동사 «**پخت**»는 의미는 같고, 동사의 통행은 서로 다르다. 보다 많은 설명을 위하여 PAGE 109 의 '하나의 동사에 다른 통행들'을 참조하라.

[32] 예외의 문장들은 이 책의 PAGE 111 를 참조하라.

[33] 물론 이 유형들 하나하나마다 수동태와 주어를 제외한 형태를 만드는 것은 가능하다. '동사'에서 이것에 대해 이야기하게 될 것이다.

· 주어 + 추가(보어의 대리인) + 동사(연결 동사)

· 주어 + 목적어 + 추가(술어의 대리인) + 동사(연결 동사)

· 주어 + 추가 + 술어 + 동사(연결 동사)

· 주어 + 목적어 + 추가 + 동사(연결 동사)

3-4 문장의 기본 부분들의 숫자의 묶음

(دسته‌بندی جملات براساس تعداد اجزای اصلی جمله)

문장의 형식에 따라 문장의 기본 요소들이 2 부분으로부터 4 부분까지 문장 안에 존재한다. 문장 안에 기본 요소들의 숫자에 따라 문장을 묶으면 세 종류가 되는데, 아래와 같다.

(1) 두 부분의 문장: 주어와 함께 동사만이 존재하는 문장

예: 주어+동사

(2) 세 부분의 문장: 주어를 포함하여 목적어 또는 추가와 보어가 문장 안에 동사와 함께 하나씩 존재하는 문장

예: 주어 + 목적어 + 동사; 주어 + 의무적인 추가 + 동사; 주어 + 술어 + 동사

(3) 네 부분의 문장: 주어를 포함하여 목적어 또는 추가와 보어가 문장 안에 동사와 함께 두 개씩 존재하는 문장

예: 주어 + 목적어 + 의무적인 추가 + 동사; 주어 + 목적어 + 목적어 +동사;
주어 + 목적어 + 보어 + 동사

3-5 나무 도표를 통한 문장의 기본 요소들의 구분

(مشخص کردن اجزای اصلی جمله به وسیله نمودار)

1) 명사의 그룹과 나무 도표(گروه اسمی و نمودار درختی)

페르시아어에서 문장의 기본 요소들 즉 주어, 목적어, 보어, 추가[34]가 명사 또는 인칭 대명사로 구성될 때 이 단어들이 단독으로 사용되는 경우도 있고, 수식어들과 함께 사용되는 경우도 있는데 두 가지 경우 모두 **명사의 그룹**이라 한다.

물론 형용사가 보어로 올 수도 있는데, 명사처럼 수식을 받을 수 있기 때문에 하나의 명사의 그룹으로 본다. 또한 동사는 수식[35]하는 말과 함께 동사의 그룹이라 한다. 주의해야 할 것은 기본 요소들이 하나의 단어로 올 수도 있는데 이때도 하나의 명사의 그룹과 동사의 그룹으로 생각한다.

---

[34] 이 책의 PAGE 56 를 참조하라.

[35] 동사의 현재 시제와 가능법 또는 명령법을 만드는 접두어 (می, بـ)와 인칭어미 그리고 복합 동사를 만드는 단어들과 진행형 시제를 만들 때 함께하는 동사들과 조동사들을 말한다.

페르시아어에서는 이 명사의 그룹과 동사의 그룹을 기준으로 문장의 기본 요소들을 나무 도표 형태로 나누어 문장을 보다 명확하게 분석한다. 위에서 설명된 기본 요소의 숫자에 따라 나눈 문장의 3 가지 묶음을 기준으로, 나무 도표를 통해 문장의 기본 요소들을 살펴보기로 하겠다.

2) 두 부분으로 된 문장들의 나무 도표(نمودار درختی جمله‌های دو جزئی)

단순 문장의 첫 번째 묶음은 두 부분의 문장이다. 유일하게 동사만이 주어를 설명한다. 이때 동사의 종류는 **통행하지 않는 동사**이다. 두 부분의 문장의 구성은 '**주어**(نهاد) + **동사**(فعل)'이다.

나무 도표 1

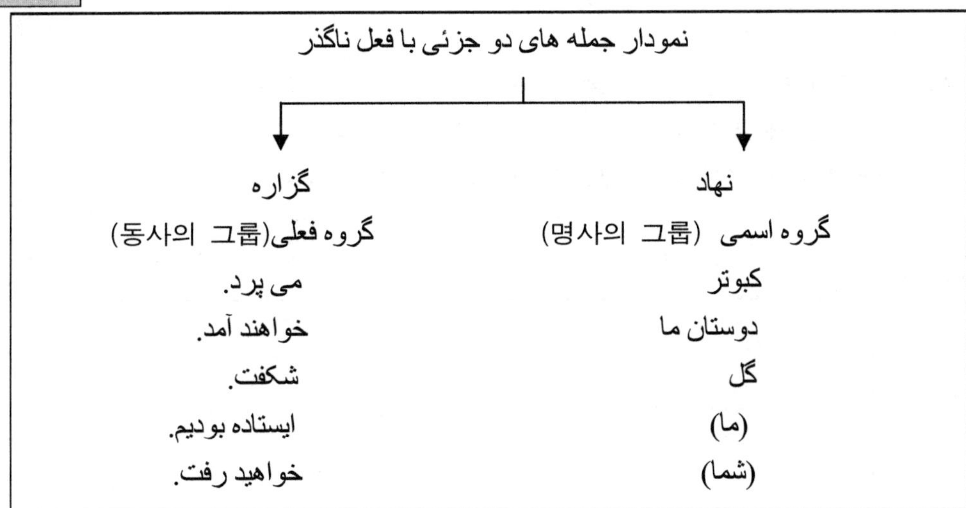

☺ 비둘기가 날다. ☺ 우리의 친구들이 올 것이다.

☺ 꽃이 피었다. ☺ [우리는] 서 있었다. ☺ [당신은] 갈 것이다.

나무 도표 1 설명

첫 번째 문장은 주어 자리에 명사가 단독으로 왔고, 두 번째 문장에서는 주어인 명사가 그것을 수식하는 소유격 명사와 함께 있다. 따라서 주어는 하나의 단어이든지 수식어와 함께 여러 개의 단어이든지 모두 하나의 **명사의 그룹**에 포함된다.

마지막 두 문장 안에 주어는 생략되었다. 주어가 인칭 대명사일 때는, 그것을 생략하는 것이 가능하다. 주어와 인칭어미의 일치의 조건에 따라 인칭어미를 통해 주어를 찾을 수 있다. 인칭 대명사 주어의 생략은 자유이다. 그러나 인칭 대명사 이외의 일반적인 명사로 된 주어는 그것을 생략할 경우 문장을 애매하게 만들기 때문에 생략하지 않는다.

예

• نامه‌ای از دوستم رسید.
• ظرف ها سالم به خانه رسید.

☺ 나의 친구로부터 편지가 도착했다. ☺ 식기들이 안전하게 집에 도착했다.

▶ 위의 두 예문의 경우 주어를 생략한다면 주어를 찾기가 곤란하다.

3) 세 부분으로 된 문장들의 나무 도표(نمودار درختی جمله‌های سه جزئی)

단순 문장의 두 번째 묶음은 세 부분의 문장이다. 세 부분의 문장들은 문장 안에 주어와 동사 이외에 하나의 다른 기본 요소를 갖는다. 따라서 이 문장들의 동사의 종류는 **통행의 동사**이다. 세 부분의 문장을 이루는 동사의 종류는 세 가지가 있고, 다음과 같이 문장이 구성된다.

(1) **목적어**와 함께하는 세 부분의 문장들: 주어(نهاد) + 목적어(مفعول) + 동사(فعل)
(2) **추가**와 함께하는 세 부분의 문장들: 주어(نهاد) + 추가(متمم) + 동사(فعل)
(3) **보어**와 함께하는 세 부분의 문장들: 주어(نهاد) + 보어(مسند) + 동사(فعل)

나무 도표 2

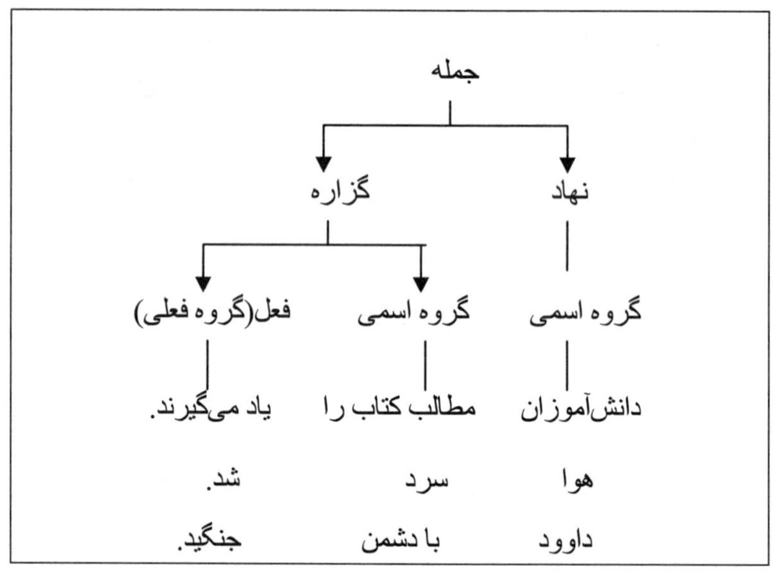

나무 도표 2 설명

«یاد می‌گیرند»، «شدن» و «جنگیدن»의 동사들은 위의 문장에서 술부 안에 하나의 명사의 그룹과 함께 활용되었다. 이 명사의 그룹들이 문장 안에서 어떤 역할을 감당하는지 살펴보겠다.

① 첫 번째 문장 «دانش آموزان مطالب کتاب را یاد می گیرند» 안에 동사 «یاد می گیرند»는 '~을 배우다'라는 의미로 목적어를 필요로 하는 동사이다.

따라서 술부 안에 명사의 그룹 «مطالب کتاب»은 의미상 동사의 목적이 되는 말이므로 목적어이다. 또한 목적어의 안내 기호 «را» 를 통해서 이 명사의 그룹이 목적어임을 더욱 확실하게 알 수 있다. 따라서 동사 «یاد می‌گیرند»는 **목적어에 통행하는 동사**이다.

☺ 학생들은 책의 주제를 공부한다.

② 두 번째 문장 «هوا سرد شد» 안에 동사 «شدن»는 '~이 **되다**'라는 의미로 보어를 필요로 한다. 따라서 명사의 그룹 «سرد»는 술부 안에서 '보어'의 역할을 감당한다. 따라서 동사 «شدن»는 **보어에 통행하는 동사**이다.

☺ 날씨가 추워졌다.

③ 세 번째 문장 «داوود با دشمن جنگید» 안에 동사 «جنگیدن»는 '~과 싸우다, 전쟁하다'라는 의미로 **추가**를 필요로 한다. 따라서 명사의 그룹 «دشمن»는 술부 안에서 추가의 역할을 감당한다. 이때 동사는 **추가에 통행하는 동사**이다. 이 문장 안에 전치사 «با»는 동사 «جنگیدن»의 **전용의 전치사**[36] 이다.

☺ 다윗은 적과 싸웠다.

4) 네 부분으로 된 문장들의 나무 도표(نمودار درختی جمله‌های چهار جزئی)

단순 문장의 세 번째 묶음은 네 부분의 문장들이다. 네 부분의 문장들은 그 안에 주어와 동사 이외에 두 개의 다른 기본 요소를 갖는다. 따라서 이 문장들의 동사의 종류는 **통행하는 동사** 이다. 네 부분의 문장을 이루는 동사의 묶음은 네 가지가 있고, 다음과 같이 문장을 구성한다.

(1) **추가 및 목적어**와 함께하는 네 부분의 문장:
주어(نهاد)+목적어+(مفعول)+추가(متمم)+동사(فعل)

(2) **보어 및 목적어**와 함께하는 네 부분의 문장:
주어(نهاد)+목적어+(مفعول)+보어(مسند)+동사(فعل)

(3) **보어 및 추가**와 함께하는 네 부분의 문장:
주어(نهاد)+보어+(مسند)추가(متمم)+동사(فعل)

(4) **두 개의 목적어**와 함께하는 네 부분의 문장:
주어(نهاد)+목적어+(مفعول)+목적어(مفعول)+동사(فعل)

[36] 전용의 전치사는 PAGE 57 을 참조하라.

나무 도표 3 추가 및 목적어와 함께하는 네 부분의 문장

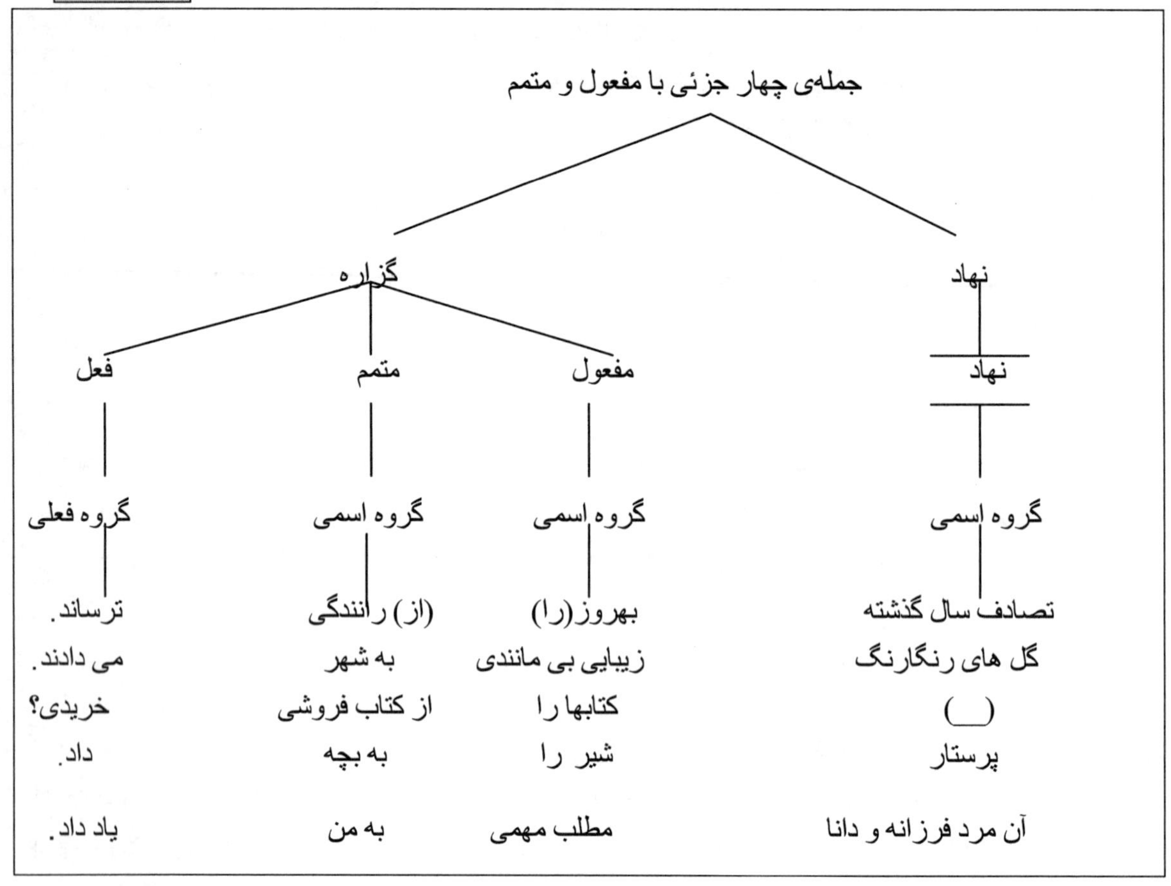

나무 도표 3의 설명

각 문장마다 두 개의 명사의 그룹이 있는데, 전치사 뒤에 있는 명사의 그룹들은 **추가**이고, 전치사 없이 사용되거나 «را» 앞에 쓰인 명사의 그룹들은 **목적어**이다. 두 번째 문장의 목적어는 부정명사를 나타내는 기호 «ی»가 있기 때문에 한정 명사의 목적어를 나타내는 기호 «را»는 갖지 않는다[37]. 다섯 번째 문장 또한 부정명사로서 «را»가 오지 않았다. 그러나 이것을 제외한 대부분의 문장들은 목적어 다음에 «را»가 항상 온다. 세 번째 문장은 주어가 생략되었다. 이와 같이 위의 모든 문장들의 동사는 주어와 동사 이외에 목적어와 추가를 필요로 하는 **추가와 목적어에 통행하는 동사**이다.

☺ 지난 해의 사고는 베흐르즈를 운전으로부터 두렵게 했다.

☺ 여러 가지 색의 꽃이 유일한 아름다움을 도시에게 주었다.

☺ [너는] 책들을 책 가게로부터 샀니?

☺ 간호사는 우유를 아이에게 주었다.

☺ 박식하고 현명한 그 남자는 중요한 주제를 나에게 가르쳤다.

---

[37] 이 책의 PAGE 45~47 을 참조하라.

나무 도표 4 보어 및 목적어와 함께하는 네 부분

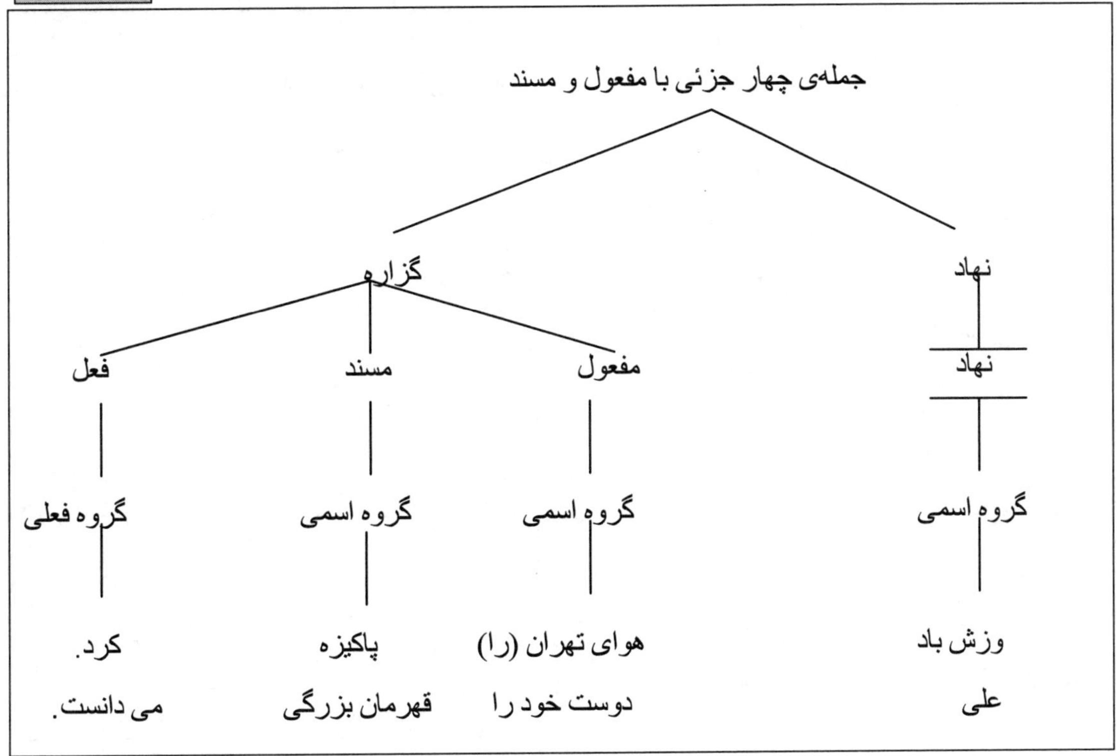

나무 도표 4의 설명

첫 번째 문장과 두 번째 문장의 동사 «کرد»와 «می‌دانست»는 '~를 ~하게 한다'와 '~를 ~으로 알고 있다'의 의미로 **목적어와 보어를 필요로 하는 동사**이다.

명사의 그룹 «**هوای تهران**»와 «**دوست خود را**»은 '**목적어**'를 나타내고, 명사의 그룹 «**پاکیزه**»와 «**قهرمان بزرگی**»은 '**보어**'를 나타낸다. 따라서 동사는 **목적어와 보어에 통행하는 동사**이다.

☺ 바람이 부는 것이 테헤란의 날씨[를] 깨끗하게 했다.

☺ 알리는 그의 친구를 큰 영웅으로 알고 있었다.

나무 도표 5 보어 및 추가와 함께하는 네 부분의 문장

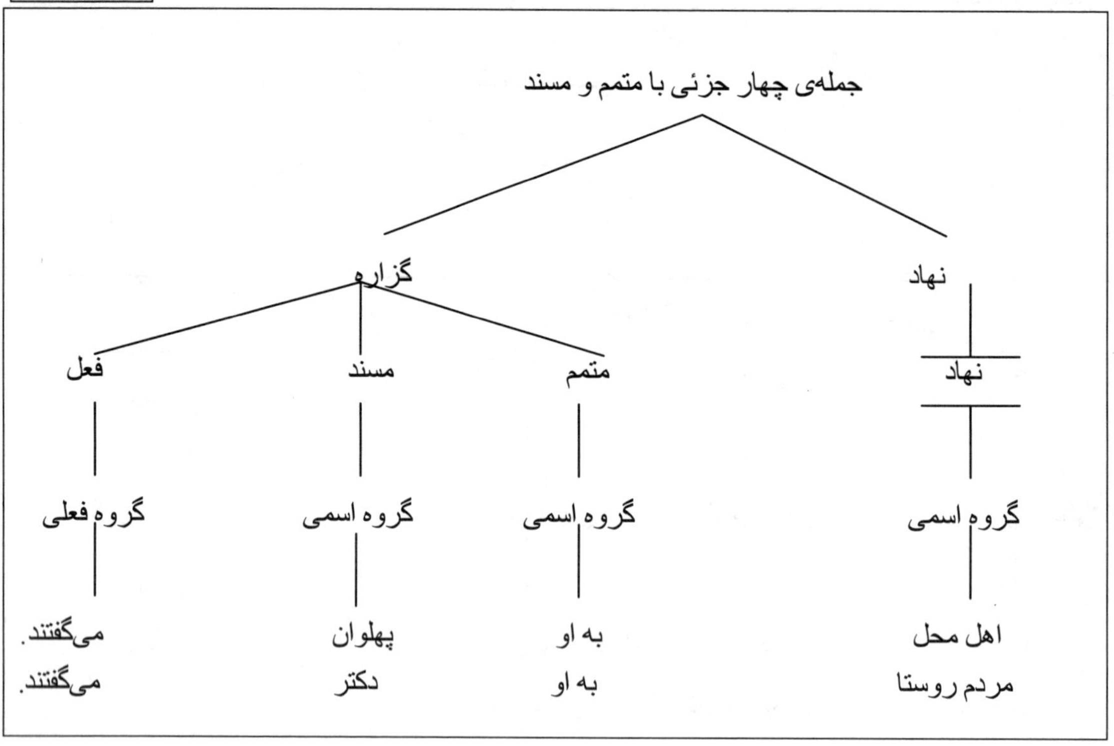

나무 도표 5의 설명

각 문장마다 두 개의 명사의 그룹이 있는데, 전치사가 뒤에 있는 명사의 그룹은 **추가**이고, 동사 앞에 쓰인 명사의 그룹들은 **보어**이다. 따라서 동사는 **보어와 추가에 통행하는 동사**이다. 그러나 **보어와 추가에 통행하는 동사**는 페르시아어 안에서 많이 사용되지 않는다.

☺ 지역의 주민은 그에게 영웅으로 불렀다.

☺ 마을의 사람들은 그에게 의사라 불렀다.

나무 도표6 두 개의 목적어와 함께하는 네 부분의 문장들

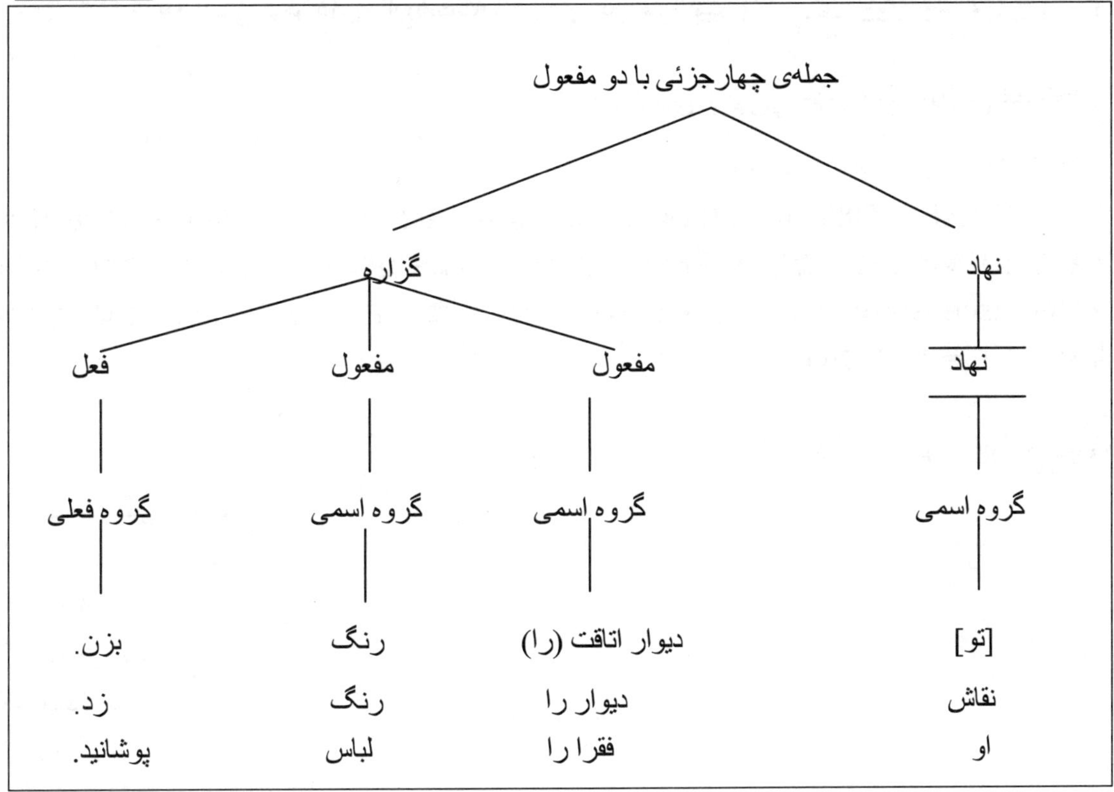

나무 도표 6 의 설명

각 문장들에 사용된 두 개의 명사의 그룹은 모두 목적어이다[38].

☺ [너는] 방의 벽을 색칠[을] 하라.

☺ 화가는 벽을 칠[을] 했다.

☺ 그는 가난한 사람들을 옷[을] 입힌다.

주의

지금까지 읽은 모든 문장들 안에 하나 또는 몇 개의 부사의 그룹을 확장하는 것이 가능하다. 이때 부사는 술부의 한 부분이 된다. 그러나 생략이 가능하기 때문에 문장의 기본 요소는 아니고, 문장과 문장의 기본 요소들을 꾸며 주는 역할만을 한다.

예

- سالیانی دراز مشرکان بت‌ها را می پرستیدند.
- علی مردانه با دشمن می جنگد.

☺ **다신론자들은 여러 해 동안 우상들을 숭배하였다.** ☺ **알리는 용감하게 적과 싸운다.**

---

[38] 자세한 설명은 이 책의 PAGE 91 를 참조하라.

II 문장의 심도 학습(بررسی الگوهای رایج جمله در زبان فارسی)

1 두 부분의 문장들(جملەهای دو جزئی)

1) 기본 학습(پایه شناخت این درس)

두 부분의 문장은 **'주어(نهاد) + 동사(فعل)'**만으로 구성되어 완전한 의미를 나타낸다. 이 문장들에 사용된 동사들은 **통행이 없는 동사**로서 동사만으로 주어를 설명하기에 부족함이 없다. 따라서 목적어, 보어, 동사의 추가를 필요로 하지 않는다. 그러나 두 부분의 문장 안에 부사나 부사구가 사용 될 수 있다.

예문 5: 아래 문장들을 읽고, 문장의 기본 요소들을 구분하라.

۱ - چشمانش می درخشد.
۲ - دستهایش می لرزید.
۳ - آب دارد می جوشد.
۴ - همه می خندیدند.
۵ - تابستان فرا رسید.
۶ - پرنده پرید.
۷ - او نمرده است.
۸ - باران می بارد.
۹ - دوران رنج و سختی به سر خواهد آمد.
۱۰ - مردم به پا خاستەاند.
۱۱ - این کار طول می کشد.

예문 5 의 풀이

۱ - چشمانش می درخشد. (주어: چشمانش, 현재 시제 동사: می درخشد)
☺ 그의 눈은 빛난다.

۲ - دستهایش می لرزید. (주어: دستهایش, 과거 미완성 동사: می لرزید)
☺ 그의 손들이 떨리고 있었다.

۳ - آب دارد می جوشد. (주어: آب, 현재 진행형 동사: دارد می جوشد)
☺ 물은 끓고 있다.

۴ - همه می خندیدند. (주어[대명사]: همه, 과거 미완성 동사: می خندیدند)
☺ 모두들 웃고 있었다.

۵ - تابستان فرا رسید. (주어:تابستان, 과거 시제 동사: فرا رسید)
☺ 여름이 왔다.

۶ - پرنده پرید. (주어: پرنده, 과거 시제 동사: پرید)
☺ 새가 날았다.

۷ - او نمرده است. (주어: او, 현재 완료형 동사: نمرده است)
☺ 그는 다 죽지 않았다.

۸ - باران می بارد. (주어: باران, 현재 시제 동사: می بارد)
☺ 비가 온다.

۹ - دوران رنج و سختی به سر خواهد آمد. (주어: دوران رنج و سختی, 미래시제 동사: به سر خواهد آمد)
☺ 어렵고 힘든 시대가 끝날 것이다.

۱۰- مردم به پا خاسته‌اند. (مردم :주어, به پا خاسته‌اند :현재 완료 시제 동사)

☺ 사람들이 발로 다 일어섰다.[반란하다]

۱۱- این کار طول می کشد. (این کار :주어, طول می کشد :현재 시제 동사)

☺ 이 일은 시간이 걸린다.

▶ 위 모든 문장들은 주어와 동사의 기본 요소만으로 구성되었다.

참고

물론 예문 5 의 모든 문장에 부사를 추가하는 것이 가능하다. 이 문장들의 의미는 부사의 추가로 보다 완벽하게 된다.

- آب دارد به شدت می جوشد. (به شدت :부사)
- این کار خیلی طول می کشد. (خیلی :부사)
- چشمانش از شادی می درخشد. (از شادی :부사구 , شادی :부사의 추가[39])
- دست‌هایش از شدت اضطراب می لرزید.

(از شدت اضطراب :부사구 ,شدت اضطراب :부사의 추가)

☺ **물은 격렬하게 끓고 있다.**

☺ **이 일은 매우 시간이 걸린다.**

☺ **그의 눈은 기쁨으로부터 빛난다.**

☺ **그의 손들이 강한 불안으로부터 떨렸었다.**

▶ **비록 모든 문장 안에 부사를 추가하여 보다 완벽한 문장을 만들 수 있을지라도 부사는 문장의 기본 요소가 아니기 때문에 다음과 같은 동사들 «طول کشیدن» و «لرزیدن»، «لرزیدن»، «درخشیدن»، «به سر آمدن»، «جوشیدن»로 만들어진 문장들은 두 부분으로 분류된다. 물론 유일하게 주어와 함께 부족함이 없는 문장을 만드는 것이 가능하기 때문에 문장 안에 문장의 다른 기본 요소들은 존재하지 않는다.**

2) 통행하지 않는 동사들(فعل های نا گذر)

(1) 통행이 없는 기본 동사들(فعل‌های ساده ناگذر)

آسودن، افتادن، ایستادن، برخاستن، باریدن، تابیدن، پریدن، پژمردن، پلاسیدن، پوسیدن، ترکیدن، جنبیدن، جوشیدن، جهیدن[40]، چرخیدن ، چاپیدن، چکیدن، خاریدن، خروشیدن، خشکیدن، خندیدن[41]، خوابیدن، دمیدن

---

[39] 이 책의 PAGE 57~62 을 참조하라

[40] 동사 (جهیدن)은 '뜀과 함께 움직임의 의미'를 나타낼 때 **통행이 없는 동사**이다.

예 ☺ 토끼가 뛴다. **خرگوش می جهد** •, ☺ 갑자기 [그는] 뛰어갔다. **ناگهان جست و رفت** •

그러나 '**장애로부터 통과하다**'의 의미에서는 **추가에 통행**이다.

예 ☺ [그들은] 벽 위로부터 뛰어넘었다. • از روي ديوار جستند.

☺ [나는] 강위로부터 뛰어넘었다. • از روی رود خانه جستیم.

(طلوع کردن)، درخشیدن، دویدن، رفتن، زیستن ، رقصیدن، روییدن، سوختن، شکفتن، غریدن، گریستن، گندیدن، لرزیدن، لغزیدن، لنگیدن، ماندن، مردن، وزیدن ، نشستن و . .

(2) 통행이 없는 접두어의 동사들(فعل‌های پیشوندی ناگذر)

برافتادن، برخاستن، در رفتن، در گذشتن، در غلتیدن، فرو نشستن، ورآمدن و . .

(3) 통행이 없는 복합 동사들(فعل‌های مرکب ناگذر)

بد آوردن، روي دادن، ادامه داشتن، پر زدن، سپری شدن، ترش کردن، دیر کردن، دراز کشیدن، دم کشیدن، طول کشیدن، باقي ماندن، انجام یافتن و . .

به دنیا آمدن، به عمل آمدن[42]، از کار افتادن، از حال رفتن و . . .

참고

동사들 안에 움직임의 의미가 출발점으로부터 목적지까지 이어지는 동사들은 종종 추가와 함께 활용된 활용된다. 예를 들어 (»گذشتن«، »رسیدن«، »سوق دادن« و . . .)

예

- من <u>از اصفهان</u> گذشتم.
- من <u>به اصفهان</u> رسیدم.
- من او را <u>به این کار</u> سوق دادم.

☺ **나는 <u>에쓰퍼현으로부터</u> 지나갔다.**

☺ **나는 <u>에쓰퍼현에</u> 도착했다.**

☺ **나는 그를 <u>이 일에</u> 인도했다.(이 동사는 현대의 페르시아어에서 적은 활용을 갖는다.)**

그러나 지금까지의 책들에서 »رفتن«، »آمدن« و »افتادن«의 동사들은 '통행이 없는 동사'들의 부분 에 속하였다. 그러므로 »رفتن«، »آمدن« و »افتادن«의 동사들은 중.고등 학교 문법에서는 확실히 통행 않는 것으로 설명된다.

- من رفتم. • من آمدم. • من افتادم.

☺ **나는 갔다.** ☺ **나는 왔다.** ☺ **나는 떨어졌다.**

---

[41] 동사 (**مسخره کردن**)이 '조롱하다, 비웃다' 의미로 사용될 때 '**추가에 통행**'이고, '**추가와 함께 세 부분의 문장**'을 만든다.

예

- **آن‌ها به وضع لباس من خندیدند.** ☺ 그들은 나의 옷 상태에 비웃었다.
- **هیچوقت به عیب دیگران نخند.** ☺ 결코 다른 사람의 결점에 비웃지 말아라.

[42] 예

- **بررسی های مقدماتی به عمل آمده است.** ☺ 기본적인 숙고들이 일어났다.

물론 동사 «افتادن» و «آمدن» ،«رفتن»에 추가를 확장하는 것은 가능하지만 보통 추가 없이도 사용이 가능하기 때문에 동사 «افتادن» و «آمدن» ،«رفتن»은 '통행이 없는 동사'의 그룹에 속한다.

- من به اصفهان رفتم.
- من از بالای درخت افتادم.

☺ **나는 에쓰퍼헌에 갔다.**

☺ **나는 나무 위로부터 떨어졌다.**

3) 주어의 생략(حذف نهاد)

만약 주어가 인칭 대명사의 종류(من، تو، او، ما، شما، ایشان / آن‌ها) 로 구성된다면, 그것을 생략하는 것이 가능하다. 이렇게 생략이 가능한 주어를 사유적인 주어[43]라 한다. 만약 인칭 대명사의 주어가 문장 안에서 생략되었다면 아래 표 11 의 주어와 인칭어미의 일치를 통해 쉽게 찾을 수 있다. 먼저 문장 안에서 인칭어미를 찾고, 다음에 이것과 일치하는 인칭 대명사의 주어를 찾는다. 이렇게 해서 찾은 주어가 문장 안에서 생략된 주어이다.

표 11 주어와 인칭어미의 일치

복수(شماره جمع)			단수(شماره مفرد)		
동사의 인칭어미 (شناسه‌ی فعل)	문장의 동사 (فعل جمله)	주어의 각 인칭 (شخص نهاد)	동사의 인칭어미 (شناسه‌ی فعل)	문장의 동사 (فعل جمله)	주어의 각 인칭 (شخص نهاد)
یم	رفت.......	(ما).........	َم	رفت......	(من)...
ید	رفت......	(شما).........	ی	رفت......	(تو)...
َند	رفت.......	(ایشان/آنها)...	Ø / َد	رفت......	(او)...

표 11 의 설명

여기에 쓰이는 인칭 대명사 주어는 자유적인 것으로서 생략이 가능하다. 그러나 인칭 대명사 이외의 주어는 이와 같지 않다. 만약 주어를 생략한다면 문장은 완전해지지 않고, 주어를 찾기 곤란해진다.

4) 주어를 찾는 방법(روش پیداکردن نهاد)

주어와 인칭어미(연결된 주어)가 일치하기[44] 때문에 생략된 주어는 인칭어미(연결된 주어)로 찾을 수 있다[45].

---

[43] **주어(분리된 주어)**는 생략하는 것이 가능하기 때문에 **자유적인 주어**라 하고, 인칭어미(연결된 주어)는 생략할 수 없기 때문에 **의무적인 주어**라 한다.

[44] 이 책의 PAGE 14~15 을 참조하라.

[45] 확실하게 과거 가능형을 제외한 3 인칭 단수의 과거형 동사들과 부정 명령법과 명령법의 2 인칭 단수의 동사들은, 동사의 빈 인칭어미 **تکواژ (Ø)**를 둘러대는 것을 기억하라.

(1) 만약 인칭어미가 **단수** 또는 **복수의 2 인칭(ی , ید)** 또는 **1 인칭(َم , یم)**에 관련되어 있다면, 주어는 «من، تو، ما، شما» 중 하나가 되는데, 이때 보통 주어는 생략된다. 이것을 자유적인 주어라 한다.

예문 6 아래 문장들에서 문장의 기본 요소를 구분하고, 생략된 주어를 찾으라.

۱- دیروز به شیراز رفتم.

۲- در این اتاق بخوابید.

۳- بپر.

예문 6 의 설명

۱번 문제

① 문장의 동사(**فعل جمله**): **می شکفم**

② 동사의 인칭과 수(**شماره و شخص فعل**): 첫 번째 인칭과 단수(**مفرد و اول شخص**)

→ 주어(**نهاد**): **من**

☺ 어제 [나는] 쉬러즈에 갔었다.

۲번 문제

① 문장의 동사(**فعل جمله**): **بخوابید**

② 동사의 인칭과 수(**شماره و شخص فعل**): 두 번째 인칭과 복수(**جمع و دوم شخص**)

→ 주어(**نهاد**): **شما** (생략되었다)

☺ [당신은] 이 방 안에서 자라(주무십시오)!

۳번 문제

① 문장의 동사(**فعل جمله**): **بپر**

② 동사의 인칭과 수(**شماره و شخص فعل**): 두 번째 인칭과 단수(**مفرد و دوم شخص**)

→ 주어(**نهاد**): **تو** (생략되었다)

☺ [너는] 뛰어라(넘어라)!

(2) 만약 동사의 인칭어미가 **단수** 또는 **복수3인칭(Ø ـَد /, ـَند)**이라면, 아래 질문의 도움으로 문장의 주어를 찾는 것이 가능하다.

• **چه کسی / چه چیزی + دیگر اجزای اصلی جمله (مسند، مفعول، متمم اجباری) + فعل**؟[46]

예: **• گذشت** (3 인칭 단수 과거: 갔다) : **گذشت + Ø** ؛ **• ببین** (2 인칭 단수 명령문: 보라): **ب + بین + Ø**

بن ماضی + شناسه　　**پیشوند + بن مضارع + شناسه**

[46] 두 부분의 문장들 안에 동사와 주어를 제외하고, 다른 기본 요소들이 존재하지 않는다고 볼 때, 이 질문은 다음과 같은 모양이 된다. **어떤 사람 / 어떤 것 + 동사(통행이 없는)?**

☺ 어떤 것 / 어떤 사람 + 문장의 기본의 다른 것(보어, 목적어, 추가) + 동사?

만약 인칭어미가 복수이면, 주어도 복수가 된다. 따라서 «چه کسانی / چه چیزهایی»의 질문을 통해서 주어를 찾을 수 있다.

예문 7 아래 문장들에서 통사의 통행을 구분하고, 문장의 기본 요소들을 찾으라.

۱- تقدیر، بر خلاف میل ما می گذرد.

۲- در ایران شهرهای زیادی وجود دارد.

۳- امسال شیراز بیشترین تعداد جهانگرد در ایران را داشته است.

예문 7의 풀이

۱번 문제 풀이

① 문장의 동사(فعل جمله): می گذرد

② 동사의 통행(گذر فعل): 통행하지 않는 동사(ناگذر)

→ 두 부분의 문장(جملهی دو جزئی)

③ 동사의 인칭과 수(شماره و شخص فعل): 세 번째 인칭과 단수(مفرد و اول شخص)

④ 주어(نهاد): 어떤 것이 통과되는가?(چه چیزی می گذرد؟)

답: تقدیر → 주어(نهاد): تقدیر

☺ 인생은 우리의 요구에 반대하여 지나간다.

۲번 문제 풀이

① 문장의 동사(فعل جمله): وجود دارد

② 동사의 통행(گذر فعل): 통행하지 않는 동사(ناگذر)

→ 두 부분의 문장(جملهی دو جزئی)

③ 동사의 인칭과 수(شماره و شخص فعل): 세 번째 인칭과 단수(مفرد و اول شخص)

→ 이 문장의 주어는 복수이지만, 생명이 없는 주어이므로 단수 인칭어미가 온다.

④ 주어(نهاد): 어떤 것이 존재하는가? (چه چیزی وجود دارد؟)

답: شهرها → 주어(نهاد): شهرها

☺ 이란 안에 많은 도시들이 존재한다.

۳번 문제 풀이

① 문장의 동사(فعل جمله): داشته است

② 동사의 통행(گذر فعل): 목적어에 통행하는 동사(گذرا به مفعول)

→ 목적어와 함께하는 세 부분의 문장(جملهی سه جزئی با مفعول)

③ 목적어(مفعول): بیشترین تعداد جهانگرد در ایران را

④ 동사의 인칭과 수(شماره و شخص فعل): 세 번째 인칭과 단수(مفرد و اول شخص)

⑤ 주어(نهاد): 어떤 것이 가장 많은 숫자의 관광객을 가졌는가?

(چه چیزی بیشترین تعداد جهانگرد را داشته است ؟)

답: شیراز → 주어(نهاد): شیراز

☺ 올해 쉬라즈는 이란 안에 가장 많은 숫자의 관광객을 가졌다.

▶ 이와 같은 방법으로 네 부분과 세 부분의 문장들 안에 주어를 찾는 것을 활용한다.

◈ 연습문제 1(تمرين)

아래 각각의 문장들 안에서 동사의 통행과 문장의 기본 요소들을 구분하라.

۱ - من میان درختان جنگل بی خیال دراز کشیده ام.

۲ - من در کنار ساحل حسین را می بینم.

۳ - اگر خورشید نمی رفت، ستاره‌ها به دنیا نمی آمدند.

۴ - وقتی که صبح می شود ستاره‌ها می پژمرند.

۵ - علی که می آید من خوشحال می شوم.

۶ - وقتی که می خندی غم اشک می ریزد.

۷ - عاشق بارانی هستم که برسراب می ریزد.

۸ - سراب نیز از شدت تشنگی دیگر نمی درخشید.

۹ - در راهروی دانشکده زهره به فریده کتاب می دهد.

۱۰ - با صدای پایت بیدار می شوم.

۱۱ - من در استخر هم شنا نمی کنم.

예

• من دیروز به دانشگاه رفتم.

문제 풀이

① 문장의 동사(فعل جمله): رفتم → 단순 동사(فعل ساده)

② 동사의 통행(گذر فعل): 통행하지 않는 동사(ناگذر)

• من دیروز به دانشگاه رفتم. (جمله‌ی دو جزئی)

نهاد / قید / قید / فعل

☺ 나는 어제 대학에 갔었다.(두 부분의 문장)

2 세 부분의 문장들(جمله‌های سه جزئی)

페르시아어 안에 **세 부분의 문장**은 **세 부분의 기본 요소로 구성되는 문장**들이다. 즉 주어와 동사의 기본 구조에 동사의 필요에 따라 목적어, 보어, 추가 중 하나가 문장 안에 등록되어 세 부분으로 구성되는 문장들이다.

2-1 목적어와 함께하는 세 부분의 문장들(جمله‌های سه جزئی با مفعول)

1) 기본 학습(پایه شناخت این درس)

이 문장의 동사들은 동사만으로는 주어에 대한 설명이 부족하여 동사 행동에 목적이 되는 하나의 명사의 그룹[47]을 필요로 한다. 이 명사의 그룹을 '**목적어**'라 부른다. 이러한 동사를 페르시아어 문법에서는 '**목적어에 통행하는 동사**'라 한다. 따라서 문장의 구성은 '**주어 + 목적어 + 동사**'가 된다. 목적어로 사용되는 단어들은 명사, 대명사, 명사 상당의 어구(명사절, 부정사) 등이다.

예문 8: 하나의 명사 그룹의 도움으로 아래의 문장들을 완전하게 하라.

- بابک . . . . شست.
- او . . . . نشناخت.
- نوشین . . . . می نوازد.
- چرا . . . . نخواندی؟
- . . . . ببند.

예문 8 의 풀이

(«بابک شست.»، «او نشناخت.»، «نوشین می نوازد.»، «چرا نخواندی؟» و «ببند.»)의 구성들은 그 어느 것도 완전한 문장이 없다. 즉 다시 말해서, 위의 구성들로부터 어떤 목적을 청취자에게(또는 읽는 자) 확실하고 완전하게 전달하는 것은 불가능하다[48]. 그러나 위의 모든 미완성의 문장들 안에 아래와 같이 하나의 명사 그룹이 첨가된다면 완전한 문장이 된다.

- بابک صورتش را شست.
- او تو را نشناخت.
- نوشین سنتور می نوازد.

---

[47] 이 책의 PAGE 28 를 참조하라.

[48] 물론 문장의 기본 요소가 생략된 경우에는 예문 8 과 같은 구성의 문장도 사용이 가능하지만, 이것은 예외의 문장에 속하는 것으로서 일반적인 문장에서는 제외된다. 또한 예문 8 의 문장들은 기본 요소가 생략된 문장들이 아니며, 부족한 문장이다. 문장의 기본 요소의 생략은 이 책의 PAGE 127 을 참조하라.

• چرا نامه‌ام را نخواندی؟
• در را ببند.

☺ 버박은 그의 얼굴을 씻었다. ☺ 그는 너를 알지 못했다.
☺ 누쉰은 싼투르를 연주하다. ☺ 왜 [너는] 나의 이름을 부르지 않았느냐?
☺ 문을 잠궈라.

▶ 위 문장에 추가된 명사의 그룹들은 문장 안에서 모두 목적어의 역할을 한다. 약간의 동사들 예를 들어 ... و «می نوازد»، «شناخت»، «شست» 완전한 문장의 제작을 위하여 항상 목적어를 취한다. 이와 같은 동사들을 '**목적어에 통행하는 동사**'라 하고, 목적어와 함께 만들어진 문장들을 '**목적어 와 함께하는 세 부분의 문장**'으로 분류한다. 물론 이 모든 문장들은 부사의 추가로 의미의 관점에서 보다 완벽하게 되는 것이 가능하다. 그러나 이와 같은 간결한 문장(부사가 없는 문장)도 부족함 없이 어떤 목적을 청취자(또는 읽는 자)에게 전달하는 것이 가능하다.

2) 목적어에 통행하는 동사들(فعل‌های گذرا به مفعول)

(1) 목적어에 통행하는 기본 동사들(فعل‌های ساده‌ی گذرا به مفعول)

آزردن، آزمودن، آشامیدن، آفریدن، آمرزیدن، آوردن، افروختن، اندوختن، انگیختن، بافتن، بخشودن، بستن، بوسیدن، بوییدن، پذیرفتن، پراکندن، پرستیدن، پروراندن، پسندیدن، پوشیدن، پیمودن، تراشیدن، تکاندن، توانستن، جستن، جویدن، چشیدن، خواندن، خواستن (در معنی مایل بودن، قصد داشتن، نیاز داشتن[49])، خوردن، داشتن، دریدن، دانستن، دوختن، دوشیدن، دیدن، راندن (هدایت وسیله نقلیه)، زدن، زاییدن، ساختن[50] (در معنی بنا کردن، درست کردن)، ستودن، سرودن، سرشتن، شستن، شکافتن، شناختن، شنیدن، فرسودن، فریفتن، فهمیدن، کاشتن، کاویدن، کردن[51]، کشتن، مکیدن،

---

[49] 예 ☺ 그들은 당신과 함께 만나는 것을 원하다. • آنها می خواهند (مایلند) با شما ملاقات کنند.
☺ 우리는 이 도시로부터 가는 것을 결심하다. • **ما می خواهیم (قصد داریم) از این شهر برویم.**
☺ 아이들은 엄마를 필요로 한다. • **بچه مادر می خواهد. (نیاز دارد)**

만약 동사 «**خواستن**»이 **기대하다(انتظار داشتن)** 또는 **원한다(طلب کردن)**의 의미로 활용된다면, 목적어에 더하여 추가를 필요로 한다.

☺ [너는] 나로부터 무엇을 기대하는가? • **از من چه می خواهی؟**
☺ 나는 이 책을 그로부터 원했다. • **من این کتاب را از او می خواستم.**

동사들은 의미의 변화와 함께 통행의 변화를 가질 수 있다. 이 책의 PAGE 100 을 참조하라.

[50] 동사 «**ساختن**» 은 **함께 한다(مدارا کردن ، سازش کردن)**의 의미일 때 '추가에 통행하는 동사'이다.

예: ☺ 나의 어머니는 모든 도덕와 함께 한다. • **مادرم با هر اخلاقی می سازد.**

[51] 동사 «**کردن**»이 만약 동사 '~하게 한다(**گرداندن**)'와 같이 활용된다면, '보어와 목적어에 통행하는 동사'이다.

예: ☺ 당신과의 만남은 우리를 즐겁게 한다. • **ملاقات با شما ما را خوش حال کرد (= گرداند).**

'보어 및 목적어와 함께하는 네 부분 문장'의 학습에서 이 주제를 설명한다. 이 책의 PAGE 84 를 참조하라.

نگاشتن، نواختن، نوشتن، نوشیدن، ورزیدن، یافتن و . .

(2) 목적어에 통행하는 접두어의 동사들(فعل‌های پیشوندی گذرا به مفعول)

برافراشتن، برانداختن، برانگیختن، برچیدن، برداشتن، برگزیدن، دریافتن، باز آفریدن، باز جستن، باز یافتن، فرو بردن، فرو فرستادن، پس آوردن، پس انداختن و . .

(3) 목적어에 통행하는 복합 동사들(فعل‌های مرکب گذرا به مفعول)

دست انداختن، انجام دادن، بروز دادن، هدر دادن، دوست داشتن، نگاه داشتن، درو کردن، دنبال کردن، ذکر کردن، فراموش کردن، نشخوار کردن، آب کشیدن، باقي گذاشتن، زیر گرفتن و . .

3) 목적어를 찾는 방법(روش پیدا کردن مفعول)

페르시아어에서 목적어가 올 때 보통 목적어의 안내 기호 '«را»تکواژ'가 목적어 다음에 온다. 이 기호가 목적어를 찾는 것에 기준이 된다. 그러나 «را»가 항상 목적어 뒤에 오는 것은 아니다. «را»는 목적어가 한정 명사일 때만 온다. 따라서 «را»는 목적어가 부정명사일 때와 일반의 의미(물질명사를 나타내는 경우)에는 오지 않는다. 따라서 페르시아어에서 목적어를 찾기 위한 방법이 몇 가지가 존재하게 되는데, 이 방법들을 정리하면 다음과 같다.

(1) «را»가 있는 경우

«را» 앞에 있는 명사[52]가 목적어이다. 그리고 이 목적어는 한정명사이다.

(2) «را»가 없는 경우

페르시아어에서 목적어의 기호 «را»는 항상 목적어와 함께 오는 것은 아니다. 목적어가 일반 적인 의미(물질명사)이거나 부정명사일 때는 목적어의 기호 «را»는 오지 않는다. 이때 목적어를 찾기 위해 «را»를 주어와 동사를 제외한, 목적어로 생각되는 명사에 추가했을 때 문장이 성립되면, 그 명사가 목적어이다. 이것을 다음의 예에 자세하게 설명해 놓았다. 이것에 주의하라.

(3) 인칭 대명사 (من، تو، او، ما، شما، ایشان)가 목적어인 경우

인칭 대명사가 목적어인 경우는 목적어의 기호 «را»가 항상 인칭 대명사 다음에 온다. 왜냐하면 인칭 대명사 자체가 한정용법을 뜻하기 때문이다.

(4) 목적어가 문장인 경우

보통 동사 다음 «که»의 수식을 받아 문장으로 오는데, 이 문장이 의미상 명사(명사절)인 경우 목적어가 된다. 이때 목적어의 기호 «را»는 오지 않는다[53].

---

[52] 물론 목적어인 명사가 수식어와 함께 올 수도 있다. 이때 명사와 수식어를 함께 '명사의 그룹'이라 한다. 이 명사의 그룹에 명사가 한정명사인 경우 목적어의 안내 기호 «را»가 명사의 그룹 뒤에 온다.

예 이 세 개의 문장에 주의하라.

۱- من کتابی خریدم.
۲- من کتاب خریدم.
۳- من کتاب را خریدم.

☺ 나는 어떤 책[을] 샀다. ☺ 나는 책[을] 샀다. ☺ 나는 책을 샀다.

▶ ① 첫 번째 문장: 목적어 '책' 다음에 부정명사의 제작자 «ی»가 오는 것은 **말하는 사람(구매자)이 구입한 책에 대한 정보를 듣는 자(청취자)가 갖고 있지 않은** 것을 나타낸다. 즉 목적어가 부정명사인 것을 나타낸다. 따라서 '어느 책 하나를 산 것이다.

② 두 번째 문장: 목적어 '책'은 '책'이라는 일반의 의미가 토론된 것이다. 즉 이 문장에서 '책'은 일반의 의미로 '**물질명사**'를 나타내는 것이다. 따라서 구매자 (말하는 사람)는 청취자(듣는 사람)가 이 책을 아는지 모르는지에 대해서는 관심이 없다. 구매자는 여러 가지의 물건 중 '책'이라는 물건을 산 것을 청취자에게 나타낸다. 이 경우 목적어는 어떤 기호도 갖지 않는다. 따라서 위의 두 번째 예문은 «**کتاب**»이라는 단어가 목적어이지만 한정명사의 조건을 충족시키지 않기 때문에 «را»가 오지 않는다.

③ 세 번째 문장: 책 다음에 «را»가 온 것은 청취자가 구입한 책을 알고 있다는 사실을 알려준다. 즉 한정명사이다.

참고

페르시아어 안에 목적어의 안내 역할을 하는 «را»는 목적어가 한정명사일 때만 오는 것이 원칙이지만 가끔 목적어가 부정명사이거나 물질명사(일반의 의미)일 때도 사용된다.

① 부정 관사에 «را»의 추가

부정관사 «ی»에 «را»가 추가되어 «ی» 다음에 온다면, «ی»와 «را»의 결합은 «ی را» 이와 같은 모양이 된다. 그러나 이때 부정명사였던 목적어가 한정명사로 바뀌지는 않는다. 다만 목적어의 안내 기호만이 추가된 것이다.

예

• من کتابی خریدم. ← من کتابی را خریدم.

☺ 나는 어떤 책 샀다. → 나는 어떤 책을 샀다.

---

[53] 이 책 PAGE 49 의 '문장 형태의 목적어'를 참조하라.

▶ 위의 문장은 부정명사 기호 «ی»에 한정명사를 나타내는 목적어의 안내 기호 «را»가 추가된 것이다. 이때 한정명사의 안내 기호 «را»는 목적어와 한정명사를 나타내는 두 가지 기능 중 한정명사를 나타내는 기능은 없어지고, 목적어를 나타내는 기능만 남는다. 따라서 기호 «ی را»는 목적어 «كتاب»이 부정명사 목적어인 것을 나타낸다. 이러한 문장은 좋은 형태는 아니다.

② 일반의 의미(물질명사)에 목적어에 «را»의 추가

명사의 목적어에 아무 기호가 없는 것은 그 단어가 물질명사(일반의 의미)를 나타내는 것인데, 여기에 한정명사의 기호 «را»가 오면 이때 물질명사를 나타내는 목적어는 한정명사의 의미로 바뀌게 된다. 이와 같은 «را»의 사용은 목적어의 의미가 조금 바꾸지만 사용 가능하다.

예

• من کتاب خریدم. ← من کتاب را خریدم.

☺ 나는 책[을] 샀다. → 나는 책을 샀다.

③ 목적어 자체가 특정하지 않거나 막연한 경우 «را»가 오지 않는다. 아래와 같은 목적어의 경우, 목적어로 사용된 단어가 특정하지 않거나 막연하기 때문에 목적어 다음 «را»가 올 가능성이 없는 경우가 또한 발생한다.

예

• او شعرهای زیبایی می گوید. –/→ او شعرهای زیبایی را می گوید.

☺ 그는 아름다운 시들[을] 말한다. –/→ 그는 아름다운 시들을 말한다.(X)

• برای پیروزی شانس زیادی داریم. –/→ برای پیروزی شانس زیادی را داریم.

☺ [우리는] 승리를 위하여 많은 기회[를] 갖는다. –/→

[우리는] 승리를 위하여 많은 기회를 갖는다.(X)

• آرش هم سنتور می زند هم سه تار می نوازد. –/→ آرش هم سنتور را می زند هم سه تار را می نوازد.

☺ 어라쉬는 싼투[를] 연주도 하고, 쎄터르[를] 연주도 한다. –/→

어라쉬는 싼투르를 연주도 하고, 쎄터르를 연주도 한다.(X)

• به کمک شما نیاز مبرمی داریم. –/→ به کمک شما نیاز مبرمی را داریم.

☺ [나는] 당신의 도움에 긴급한 필요[를] 갖는다. –/→

[나는] 당신의 도움에 긴급한 필요를 갖는다.(X)

▶ 위 문장들은 목적어의 안내 기호 «را»가 없으므로 목적어를 찾는 방법은 하나의 '명사의 그룹'

이 동사 옆에 오는 것이다.[54] 예를 들어 위 문장들 안에 명사의 그룹들 «شعرهای زیبایی»، «شانس زیادی»، «سنتور»، «سه تار» و «نیاز مبرمی»은 간격 없이 동사 전에 온다.

4) 복합 동사에서 인칭 대명사 목적어의 위치

(گاهی میان دو فعل مرکب به وسیله ضمیر پیوسته فا صله می افتد)

문장의 동사가 복합 동사일 때 목적어가 인칭 대명사로 오는 경우 목적어는 결합의 인칭 대명사[55] (ـَم، ـَت، ـَش، ـِمان، ـِتان، ـِشان)의 모양으로 복합 동사 사이에 온다[56]. 이때 «را»는 결합의 인칭 대명사와 함께 하지 않는다.

그러나 인칭 대명사가 단독형(من، تو، او، ما، شما، ایشان)의 모양으로 목적어가 될 때에는 목적어의 안내 기호 «را»가 인칭 대명사 뒤에 온다.

---

[54] 언제라도 목적어가 «را»와 함께 있다면, 목적어를 쉽게 찾을 수 있고, «را»의 기호가 목적어와 함께 있기 때문에 목적어가 문장 안에 어떤 장소에 있든지 찾을 수 있다. 그러나 만약 «را»의 기호가 없다면 목적어를 구분할 수 있는 방법 은 '**목적어에 통행하는 동사**' 옆에 목적어가 오는 것이다. 따라서 이 경우에는 목적어의 자리를 바꿔서는 안 된다.

예: 아래의 두 문장에 주의하라:

آ – **ببر آدمی زاد را نمی خورد ↔ آدمی زاد را ببر نمی خورد.**

نهاد / مفعول   **مفعول / نهاد**

☺ 호랑이는 인간을 먹지 않는다. ↔ 인간을 호랑이는 먹지 않는다.

ب – **ببر آدمی زاد نمی خورد ↔ آدمی زاد ببر نمی خورد.**

نهاد / مفعول   **مفعول / نهاد**

☺ 호랑이는 인간[을] 먹지 않는다. ↔ 인간은 호랑이[를] 먹지 않는다.

▶ 첫 번째 문장은 목적어가 기호 «را»와 함께 있기 때문에 문장의 다른 기본 요소(주어=명사의 그룹)와 자리 교환을 해도 원래의 문법적 역할을 잃지 않는다. 그러나 두 번째 문장 안의 목적어는 기호 «را»가 없기 때문에 동사에 가까이 있는 명사의 그룹을 목적어로 생각한다. 따라서 이 경우는 문장의 다른 기본 요소(주어)와 자리 교환을 해서는 안 된다.

آ – **مادر بچه را می خواهد↔ بچه را مادر می خواهد.** ☺ 엄마는 아기를 원한다. ↔ 아기를 엄마는 원한다.

ب – **مادر بچه می خواهد↔ بچه مادر می خواهد** ☺ 엄마는 아기[를] 원한다. ↔ 아기는 엄마[를] 원한다.

[55] 인칭 대명사는 문장 안에서 단독형(**من، تو، او، ما، شما، ایشان**)으로 사용되거나, 연결된 형태[=연결의 소유 대명사: **ضمیر ملکی پیوسته**] (ـَم، ـَت، ـَش، ـِمان، ـِتان، ـِشان)로 사용된다. 일반적으로, 연결된 인칭 대명사는 소유 대명사, 추가, 목적어 등의 세 가지로 활용되는 것이 가능하다.

. 목적어: ☺ 나는 그를 데려오다. • **آوردمش** (ـَش = او را)

. 추가: ☺ 너의 상품을 그에게 보여줘라. • **جایزه‌ات را نشانش بده** (ـَش= به او)

. 소유 대명사(명사의 소유격): ☺ 그의 책 • **کتابش** (ـَش= ـِ او)

[56] 이 부분은 '동사' 부분 안에 '복합 동사의 부분 가운데 중단의 주제'에서 자세히 다룰 것이다.

예

۱- دنبالش (مفعول) کردم = آن‌ها را دنبال کردم.
۲- بَرَش(مفعول) دار = این / آن را بردار.
۳- بازش(مفعول) یافتند = او را بازیافتند.
۴- انجامش(مفعول) دادم = آن را انجام دادم.
۵- دوستت(مفعول) دارم = تو را دوست دارم.

☺ [나는] 그를 쫓았다.(۱)

☺ [너는] 이/그것을 집어 올려라.(۲) ☺ 그를 재발견했다.(۳)

☺ [나는] 그것을 수행했다.(۴) ☺ [나는] 너를 좋아한다.(۵)

▶ 위 문장들은 모두 복합 동사에 인칭 대명사가 목적어로 사용된 문장들이다. 위 문장들의 앞쪽 문장들은 인칭 대명사 복합 동사 사이에 연결형으로 사용되었고, 뒤쪽 문장들은 인칭 대명사가 단독형으로 사용되었다.

5) 문장 형태의 목적어(종속의 목적어, جمله پیرو در نقش مفعول)

가끔 목적어는 하나 또는 몇 개의 종속의 문장[종속절]의 형태로 문장의 동사 다음에 위치한다.

예

• همه می دانند که او شاعر است.

نهاد / فعل گذرا به مفعول / پیوند وابسته‌ساز / جمله‌ی پیرو در نقش مفعول جمله‌ی پایه (پیرو مفعولی)

(종속 목적어) 기초 문장의 목적어 역할을 하는 종속의 문장 /종속 접속사 제작자/목적어에 통행하는 동사/ 주어

☺ 모두들 알고 있다. 그가 시인인 것을

▶ 이 경우 목적어는 (주어+누구를/어떤 것을+동사? «نهاد + چه کسی را / چه چیزی را + فعل؟»)라는 질문의 도움으로 찾을 수 있다.

→ 모두+누구를+알고 있는가? (همه چه کسی را می دانند؟): '그가 시인이다.(او شاعر است)'라는 것을 모두 알고 있다.

. 몇 개의 다른 예들:

• باور نمی کنم که علی این حرف‌ها را گفته باشد.

پیوند وابسته ساز[57] / پیرو مفعولی

[57] 종속 접속사 제작자 《که》 는 보다 많은 경우에 생략되는 것이 가능하다.

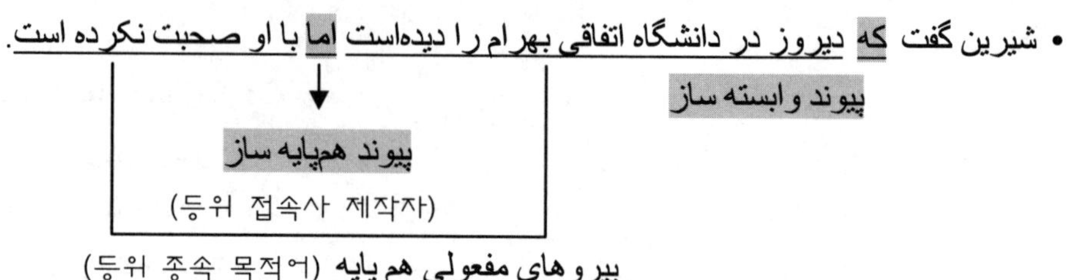

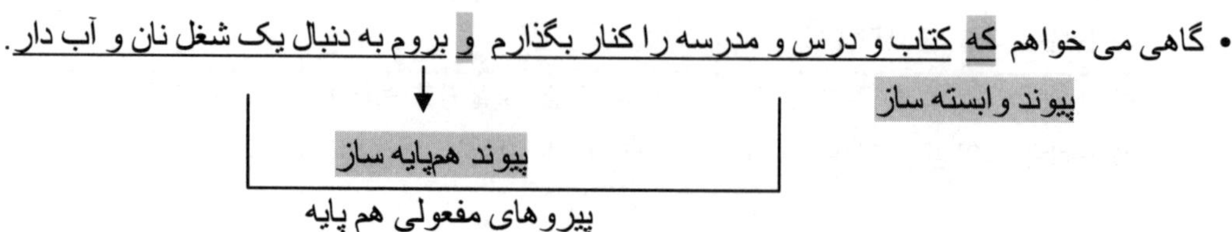

☺ [나는] 믿지 않는다. 알리가 이 말을 말했을 것이라는 것을

☺ 쉬린은 말했다. [그는] 어제 대학교에서 우연하게 바흐럼을 보게 되었다는 것을 그러나 그와 함께 이야기하지 않았다는 것을

☺ [나는] 가끔 원하다. [내가] 책과 학습과 학교를 단념하고, 수입이 있는 하나의 일을 따라 가는 것을

6) 목적어를 찾는 도표(نمودار روش پیدا کردن مفعول)

아래 표 12은 목적어를 찾기 위한 방법들을 정리한 것이다. 표 12의 실행을 통해 목적어를 쉽게 찾을 수 있다.

표 12: 목적어를 찾는 도표

<table>
<tr><td colspan="3">a. 동사의 종류 구분: 복합 동사[58] 또는 단수 동사[59]</td></tr>
<tr><td colspan="3">b. 동사의 통행 결정</td></tr>
<tr><td colspan="2">c. 목적어에 통행하는 동사</td><td>c-1. 목적어에 통행 하지 않는 동사</td></tr>
<tr><td>d. «را»가 있을 때</td><td>d-1. «را»가 없을 때</td><td rowspan="2">문장은 목적어를 갖지 않는다.</td></tr>
<tr><td>«را»와 함께 있는 명사의 그룹 또는 명사가 목적어이다.</td><td>① 아마도 문장의 목적어는 하나의 연결된 대명사일 것이다.
② 목적어는 종속 목적어(종속절)의 형태로 동사 다음 올 수 있다.
③ 마지막으로 동사에 가장 가까운 명사의 그룹이 문장의 목적어이다. (일반의 의미 또는 부정명사의 목적어[60])</td></tr>
</table>

---

[58] 페르시아어 동사는 단순 동사를 기본으로 이것에 명사, 형용사, 전치사 등을 추가해서 복합 동사를 만든다. 물론 이렇게 만들어진 복합동사는 원래 단순 동사의 의미와 다른 의미를 갖게 된다. 이것에 대한 자세한 설명은 '동사'에서 계속 될 것이다. 여기서는 '명사, 형용사, 전치사, 접두어+단순 동사'가 복합 동사가 된다는 것을 기억하기 바란다.

[59] 가끔 문장 안에 주어를 제외하고 '명사+동사'의 형태가 존재한다면, 문장의 내용에 따라 두 가지 해석이 가능하다. 첫 번째는 이 구성이 복합 동사가 된다면, 원래의 명사나 동사는 그 뜻을 잃고 새로운 의미를 갖는다. 두 번째는 '명사+동사'의 형태가 '목적어/보어+단순 동사'의 의미가 된다면, 명사와 동사는 의미를 잃지 않게 된다. 따라서 명사는 동사의 목적어 또는 보어가 된다. 주의해야 할 것은 '명사+목적어'가 복합 동사의 의미일 때 이것을 '명사+단순 명사'로 해 해석하면 문장의 뜻이 달라지고, 원래 의도한 목적의 의미를 전달할 수 없게 된다. 물론 이 문장에 목적어나 보어가 따로 있다면 그것에 대한 해석도 모호해진다.

[60] 만약 이 명사의 그룹에 «را»를 추가해도 하나의 문장으로 성립된다면 이것은 목적어이다.

예문 9 아래 문장들의 목적어를 표 12의 도움으로 찾으라.

۱- فلزات قابلیت مفتول شدن دارند.
۲- زغال سنگ در کارخانه‌ی ذوب آهن مصرف دارد.
۳- این فرایندهای شیمیایی همچنان ادامه دارد.

예문 9 의 풀이

۱번 문제

① 동사의 구분(단순, 복합 동사)

ⓐ 단순 동사: دارند → ⓑ 표 12의 b로 이동

② 동사의 통행 결정(گذر فعل):

ⓐ 목적어 통행(گذرا به مفعول) → 목적어와 함께하는 세 부분의 문장(جمله‌ی سه جزئی با مفعول)

ⓒ 표 12의 c로 이동

③ 목적어(مفعول) 찾기

ⓐ «را»가 없다. → ⓑ 표 12의 d-1으로 이동해서 항목들과 비교한다.

ⓒ d-1의 항목 중 ③번이 문장의 목적어와 조건이 동일하다. 따라서 목적어는 '동사' 옆에 있는 단어가 목적어이다.

ⓓ 이 단어에 «را»를 추가해 본다.

ⓔ فلزات قابلیت مفتول شدن را دارند → 문장이 성립되므로 목적어는 'قابلیت مفتول شدن'이다.

☺ 금속들은 철사가 되는 가능성을 갖는다.

۲번 문제 풀이

① 동사의 구분(단수, 복합 동사):

ⓐ 단순 동사: دارد → ⓑ 표 12의 b로 이동

ⓒ 동사 앞 단어 «مصرف»를 확장할 수 있기 때문에 «مصرف دارد»는 복합 동사가 아니다.

예: «مصرف»의 확장 (مصرف بسیار زیادی/ اندکی / صنعتي و . . . دارد)

→ 매우 많은 / 적은 / 산업의 소비를 ... 갖는다.

② 동사의 통행 결정(گذر فعل)

ⓐ 목적어 통행(گذرا به مفعول)

ⓑ 표 12의 c로 이동 → 목적어와 함께하는 세 부분의 문장(جمله‌ی سه جزئی با مفعول)

③ 목적어(مفعول) 찾기:

ⓐ «را»가 없다. → ⓑ 표 12의 d-1으로 이동해서 항목들과 비교한다.

ⓑ d-1의 항목 중 ③번이 문장의 목적어와 조건이 동일하다. 따라서 목적어는 '동사 옆에 있는 단어가 목적어'이다.

ⓒ 이 단어에 «را»를 추가해 본다.

→ زغال سنگ در کارخانه‌ی ذوب آهن مصرف را دارد → 문장이 성립되므로 목적어는 'مصرف'이다.

☺ 석탄은 제철소에서 소비를 갖는다.

۳번 문제 풀이

① 동사의 구분(단수, 복합 동사)

ⓐ 복합 동사: ادامه دارد → ⓑ 표 12의 b로 이동

ⓒ 복합 동사이므로 동사 앞 단어 'ادامه'는 목적어가 아니다.

② 동사의 통행 결정(گذر فعل):

ⓐ 통행하지 않는 동사(نا گذر) → ⓑ 표 12의 c-1으로 이동

ⓒ 두 부분의 문장(جمله‌ی دو جزئی) → 따라서 목적어는 없다.

☺ 화학의 이 과정은 이와 같이 연속한다.

◈ 연습 문제 2(تمرین)

아래의 박스 안에, 목적어에 통행하는 동사들과 통행하지 않는 동사들이 함께 있다. 목적어에 통행하는 동사들의 주변에 줄을 그어라. 그러나 먼저 아래의 안내를 통해 도움을 받고, 문제를 풀기 바란다.

안내

목적어에 통행하는 동사들로부터 통행하지 않는 동사들의 구별을 위한 가장 단순한 방법은 목적어의 안내 기호 «را»를 사용하는 것이다. 보통 '**목적어에 통행하는 모든 동사**'들은 문장 안에 하나의 명사 그룹 다음에 목적어의 안내 기호 «را»와 함께 활용되고, '**통행하지 않는 동사**'들은 하나의 명사의 그룹 다음에 «را»와 함께 활용되는 것이 가능하지 않기 때문에 «را»를 사용하여 동사의 종류를 나눌 수 있다.

· **몇 개의 예:**

• پسندیدن ← • کدام را می پسندی؟ • این لباس را می پسندم.

* 좋아하다 → ☺ 어떤 것을 좋아합니까? ☺ 이 옷을 좋아합니다.

• سرودن ← • او تنها همین یک بیت را سروده است. • این شعر را تو سرودی؟

* (시를)만들다. → ☺ 그는 유일하게 이와 같은 한 행을 만들다. ☺ 너는 이 시를 만들었느냐?

• فریفتن ← • داریم خودمان را می فریبیم. • می خواهی چه کسی را بفریبی؟

* 속이다 → ☺ [우리는] 스스로를 속이고 있다. ☺ [너는] 누구를 속이는 것을 원하느냐?

• دست انداختن ← • مرا دست انداختی؟ • چه کسی را دست می اندازند؟

* 놀리다 → ☺ [너는] 나를 놀리냐? ☺ [그들이] 누구를 놀리냐?

• از سر گرفتن ← • کارش را از سر گرفت. • گله و شکایت را از سر گرفت.

* 다시 시작하다(출발하다)

→ ☺ [그는] 그의 일을 다시 시작했다. ☺ [그는] 불만과 불평을 다시 시작했다.

آسودن، آزردن، خوردن، آشامیدن، خوابیدن، پسندیدن، خندیدن، پژمردن، لرزیدن، لیسیدن، غرّیدن، جستن، دیدن، دویدن، جوشیدن، جوشاندن، ترکیدن، ترکاندن، تکاندن، ساختن، سوختن، لمیدن، گزیدن، گزیدن، وزیدن، ورزیدن، برخاستن، برافراشتن، درگذشتن، دریافتن، روی دادن، انجام دادن، ادامه داشتن، نگاه داشتن، رم کردن، دم کردن (چای)، دم کشیدن (برنج)، طول کشیدن، به عمل آوردن، از کار افتادن، به وحشت افتادن، به وحشت انداختن، به جا گذاشتن، به جا ماندن

◈ 연습문제 3(تمرين)

아래 문장들에서 **동사의 통행과 목적어**와 **주어**를 구분하고, **목적어와 함께하는** 세 **부분의 문장**을 찾으라.

۱ - علی برای این که خود را راحت کند، فریاد می کشد.

۲ - پرنده‌ی منزوی روی تک درخت آشیانه می سازد.

۳ - سرچشمه نغمه سرایی می کند و رودخانه ادامه‌اش می دهد.

۴ - تشنه‌تر از آن هستم که از سراب ننوشم.

۵ - حسن همیشه راه موفقیت را دنبال می کند.

۶ - من آب از چاه کشیدم.

۷ - پس از جنگ جهانی اول استفاده از اتومبیل در ایران رواج یافت.

۸ - داریوش برآرمانهای خود تأکید کرد.

۹ - ما خدا را می پرستیم.

۱۰ - علی این خبر را می داند.

2-2 추가와 함께하는 세 부분의 문장들(جمله‌های سه جزئی با متمم)

1) 기본 학습(پایه شناخت این درس)

이 문장들의 동사들은 주어에 대하여 동사만으로는 설명이 부족하여 **'추가**[61]**'**라 이름하는 '하나의 명사의 그룹[62]과 동사 전용의 전치사[63]'를 필요로 한다. 이러한 동사를 페르시아어 문법에

서는 '**추가에 통행하는 동사**'라고 한다. 따라서 문장의 구성은 '**주어+전치사(동사 전용)+추가(명사의 그룹)+동사**'가 된다. 동사는 전용의 전치사를 통해 '추가'를 자신에게 연결시켜 의미를 완전하게 한다.

예문 10: 아래의 문장들을 비교하라.

۱- این همه زیبایی را درعالم ببینید. ← به این همه زیبایی درعالم بنگرید.
۲- حرف‌های او را نمی فهمم. ← از حرف‌های او سر در نمی آورم.
۳- آرش حرف پدر و مادرش را نمی شنود. ← آرش به حرف پدر و مادرش گوش نمی دهد .
۴- بابک در این مسابقه بهترین امتیاز را کسب کرد. ← بابک در این مسابقه به بهترین امتیاز دست یافت.
۵- پدرم کار عجیبی کرد. ← پدرم به کار عجیبی دست زد.
۶- هیچ کس او را مسخره نکرد. ← هیچ کس به او نخندید.

예문 10 의 풀이

۱번 문제

☺ 세상 안의 이 모든 아름다움을 보시오. → 세상 안의 이 모든 아름다움에 주시하라.

۲번 문제

☺ [나는] 그의 말을 이해하지 못하다. → [나는] 그의 말로부터 알게 되지 않다.

۳번 문제

☺ 어라쉬는 그의 아버지와 어머니의 말을 듣지 않는다. →

어라쉬는 그의 아버지와 어머니의 말에 귀를 기울이지 않는다.

۴번 문제

☺ 버박은 이 경기에서 가장 좋은 특권을 손에 얻었다. →

---

[61] 이 책의 PAGE 56 을 참조하라.

[62] '명사' 또는 '명사+수식어', '대명사' 또는 '대명사+수식어'의 구성이 '명사의 그룹'이라는 것을 말했었다. 이 책의 PAGE 28 을 참조하라.

[63] 이 책의 PAGE 57 을 참조하라.

버박은 이 경기에서 가장 좋은 우선권에 발견했다.

۵번 문제

☺ 나의 아버지는 놀라운 일을 했다. → 나의 아버지는 놀라운 일에 착수했다.

۶번 문제

☺ 누구도 그를 조롱하지 않았다. → 누구도 그에게 비웃지 않았다.

▶ 본 것과 같이 «دیدن»، «فهمیدن»، «شنیدن»، «کسب کردن»، «کردن» و «مسخره کردن» 의 동사들은 완전한 하나의 문장의 제작을 위하여 항상 목적어의 필요가 있는 것처럼 동사 «دست یافتن»، «دست زدن»، «گوش دادن»، «نگریستن»، «خندیدن» (در معنی «مسخره کردن»)، «سردرآوردن»은 부족함 없는 문장의 구성을 위하여 전용의 전치사(از، به)와 함께 '추가'를 갖는다.

نگریستن به .... سردرآوردن از ....

گوش دادن به .... دست یافتن به ....

دست زدن به .... خندیدن به ....

이와 같은 몇몇 동사들은 추가에 통행하고, 이 동사들로 만들어진 문장들은 이 동사들과 함께 (추가와 함께하는 세 부분의 문장)으로 분류한다.

2) 추가란? (متمم چیست؟)

언제라도 **하나의 명사의 그룹**이 전치사의 도움으로 **동사, 명사, 형용사, 감탄사**를 수식하여 의미를 완전하게 할 때 이 명사의 그룹을 '**추가**'라 한다. 추가가 전치사와 함께 하나의 그룹이 되어 다른 단어를 수식할 때 수식받는 단어에 따라 다음과 같은 종류들이 있다.

(1) 부사의 추가(متمم قیدی): 동사를 수식할 때(동사의 자유적인 추가) [64]

(2) 동사의 추가(اجباری): 동사를 수식할 때(동사의 의무적인 추가)

(3) 명사의 추가(متمم اسم): 명사를 수식할 때

(4) 형용사의 추가(متمم صفت): 형용사를 수식할 때

(5) 감탄사의 추가(متمم صفت): 감탄사를 수식할 때

예

۱- از حرف من خندید. ۲- از حرف من ترسید. ۳- انتقاد از حرف من. ۴- بی خبر از حرف من.

متمم قیدی / متمم اجباری / اسم / متمم اسم / صفت / متمم صفت

۵- آفرین بر(به) تو.

متمم صفت

[64] 물론 '부사의 추가'는 문장을 수식하기도 한다. 그러나 여기서는 동사를 중심으로 살펴보겠다. 문장을 수식할 때의 기능은 '부사'에서 살펴 보기로 하겠다.

☺ [당신은] 나의 소리로부터 웃었다. (부사의 추가)

☺ [당신은] 나의 소리로부터 두려워했다. (동사의 추가)

☺ 나의 소리로부터 비판 (명사의 추가)

☺ 나의 소리로부터 소식이 없는 (형용사의 추가)

☺ 너에게 훌륭한 (감탄사의 추가)

▶ 전치사가 추가와 함께 사용되기 때문에 전치사를 추가의 안내 기호라고도 한다.

참고

명사의 추가는 명사를 수식하고, 형용사의 추가는 형용사를 수식하기 때문에 문장의 기본 요소는 아니다. 그러나 명사나 형용사와 함께 하나의 그룹으로 분류된다. 즉 형용사, 소유격, 소유격과 닮음의 역할을 한다[65].

ب	الف
گروه اسمی	گروه اسمی
ب) او در خواندن مهارت دارد.	الف) مهارت او در خواندن، ستودنی است.
اسم متمم / اسم	اسم / متمم اسم

☺ **읽는 것에** → **그의** <u>**숙달은**</u> **칭찬할 만하다.** ☺ **그는 읽는 것에** → <u>**숙달을**</u> **갖는다.**

3) 동사의 추가와 부사의 추가의 차이(تفاوت متمم فعل با متمم قیدی)

동사의 추가와 **부사의 추가**가 모두 '전치사'와 함께 구성되어 동일한 모양으로 동사를 수식한다는 점에서는 동일하다. 그러나 내용상으로는 아래와 같은 중요한 차이점을 갖고 있다.

(1) 전용의 전치사와 일반 전치사(حرف اضافه ی اختصاصی و حرف اضافه ی معمولی)

① 전용의 전치사(حرف اضافه ی اختصاصی)

약간의 전치사들은 동사만으로 주어에 대한 설명이 부족하여 항상 하나의 전치사를 통해서 추가(명사의 그룹)의 수식을 받아 부족함 없는 의미가 되어 주어를 설명한다. 이와 같이 동사의 의미를 완전하게 하기 위해 사용되는 전치사들을 **동사 전용의 전치사**라 한다. 동사 전용의 전치사에 의해 추가되는 명사의 그룹을 **동사의 추가**라 부른다.

대부분의 전치사들은 **부사의 추가**와 함께 **부사**로 사용된다. 그러나 약간의 전치사들은 **동사의 추가**와 **부사의 추가**를 만드는 것에 함께 사용된다. **동사의 추가**와 **부사의 추가**에 함께 사용되는 전치사 중 전치사 (از، به ، با ، در ، بر)가 가장 많이 사용된다. 보통 이 5개의 전치사들이 동사의 의미에 맞게 전용으로 '**동사의 추가**'와 함께 사용되는데, 이것을 '**동사 전용의 전치사**'라 한다. 전용의 전치사는 위의 5가지 외에 (برای، درباره‌ی و...) 등도 있는데 이것들은 자주 사용되지 않는다. 이 동사들의 약간을 표로 정리하면 표 13과 같다.

---

[65] 이것에 대한 자세한 설명은 **전치사**에서 하게 될 것이다.

표 13

مصدر	حرف اضافه
اندیشیدن، بالیدن، برازیدن، برخوردن، پرداختن، پیوستن، تاختن، چسبیدن، گرویدن، نازیدن، نگریستن	به
جنگیدن، درآمیختن، ساختن، ستیزیدن، آمیختن (مخلوط شدن)	با
پرهیزیدن، ترسیدن، رنجیدن، گذشتن	از
گنجیدن	در
شوریدن	بر

▶ 이 동사들이 문장에서 사용될 때 항상 **전용의 전치사**와 함께 사용된다. 전용의 전치사 없이는 활용되지 않는다. 물론 이 전용의 전치사는 '추가에 통행하는 동사'에만 사용된다. 다른 종류의 통행의 동사들은 이와 같지 않다.

ⓑ 일반 전치사(حرف اضافه ی معمولی)

동사만으로도 주어에 대한 설명이 부족하지 않지만, '전치사+추가(명사의 그룹)'를 통해 동사의 의미를 보다 완벽하게 전달할 수 있다. 이때 사용되는 전치사를 **일반 전치사**라고 하고, 전 치사에 의해 추가되는 명사의 그룹을 **부사의 추가**라고 한다.

ⓒ 전용의 전치사와 일반 전치사의 차이(تفاوت حرف اضافه ی اختصاصی با حرف اضافه ی معمولی)

동사 전용의 전치사는 동사와 짝을 이루기 때문에 다른 전치사로 교환될 수 없고, 문장 안에 하나만 온다. 그러나 일반 전치사는 부사를 나타내기 때문에 필요에 따라 다른 전치사를 사용할 수 있고, 문장 안에 여러 개가 올 수 있다.

۱- محسن از...................... می‌رنجد.

۲- «علی به پدرش می‌نازد» .

۳- محسن از / به / تا/ در/ به سوی خانه می‌رود.

۴- «علی **از** خانه رفت»، « علی **به** خانه رفت»، «علی **با** دوستش رفت».

☺ 모흐센은 …로부터 화내다.

☺ 알리는 그의 아버지에 **대하여** 자랑스러워하다.

☺ 모흐센은 집 **방향**에/ **안**에/ **까지**/ **에**/ **부터** 갔다.

☺ 알리는 친구**와 함께** 갔다, 알리는 집**에** 갔다, 알리는 집**으로부터** 떠났다.

▶

۱번 문장의 동사는 전치사 (از)가 전용의 전치사로 사용되었다. 즉 이 문장의 동사는 추가를 필요로 하는 동사이다. 전치사 (از) 대신에 다른 전치사들은 '동사의 추가'를 위해 동사 (می‌رنجد)와 함께 사용될 수 없다.

۲번 문장의 전치사 (به)는 또한 전용 전치사이므로 다른 전치사가 올 수 없다.

۳번 문장 안에 전치사들(از / به / تا / در / به سوی)은 모두 부사의 역할을 하는 것들로서 '명사의 그룹(부사의 추가)'과 함께 부사의 의미를 만들고, 문장에서 생략 가능하다. 이 문장 안에 사용된 전치사들은 일반 전치사들로 다른 전치사로 바꾸거나 문장에서 생략 가능하다.

۴번 문장의 동사 «رفتن»은 전치사 «با» و «به»، «از»와 함께 활용되었다. 이 전치사들은 또한 모두 전용의 전치사가 아닌 부사를 만드는 일반의 전치사들이다. 이 일반의 전치사들 또한 전치사들은 문장 안에 여러 개가 함께 올 수 있고, 다른 전치사로 바꾸거나 문장에서 생략 가능하다.

참고

의미의 관점으로부터 추가가 필요하지 않은 동사들은 추가를 갖지 않는다.

• درخت رویید، جوجه گنجشک پرید و گل شکفت.

☺ 나무가 자랐고, 어린 참새가 날고, 꽃이 피었다.

ⓓ 같은 의미의 전용의 전치사들(هم معنایی حرف اضافه های اختصاصی)

약간의 경우에 서로 다른 전치사들이 동일한 의미로 사용된다. 이 경우 전치사들은 의미의 관점으로부터 같은 뜻이다.

예

۱- ما با / علیه / بر ضد دشمنان آزادی و اندیشه می جنگیم.

۲- منافع این طرح بر / به زیان‌های آن می چربد.

۳- تخته‌ای بر سطح آب قرار داشت.

۴- پایه‌های عمارت در کف دریاچه قرار داشت.

۵- از انجام این کار درماندم.

۶- در انجام این کار درماندم.

☺ 우리는 자유와 사상의 적들과 싸우다.

☺ 이 계획의 이익은 그것의 손해들에 우세하다.

☺ 물의 수면 위에 하나의 널판지가 위치했다(놓였다).

☺ 건물(궁전)의 기둥이 호수의 밑바닥**에** 위치했다(놓였다).

☺ [나는] 이 일의 수행**으로부터** 곤란하다.

☺ [나는] 이 일의 수행**에** 곤란하다.

▶ 위 예문의(۳, ۴), (۵, ۶),번은 같은 동사이지만 전용의 전치사의 변화에 따른 의미의 작은 변화를 나타낸다.

(2) 문장의 기본 요소와 부속 요소[=부사의 역할](اجزای اصلی جمله و نقش قیدی)

① **동사의 추가**: 동사의 필요에 의해서 추가된 것으로 이것이 없으면 동사의 의미가 완전하지 않기 때문에 생략할 수 없는 문장의 기본 요소가 된다. 따라서 문장 안에서 **추가**의 역할을 감당한다. 이것은 동사에 의무적으로 필요하다는 의미에서 '**동사의 의무적인 추가**'라고도 부른다.

② **부사의 추가**: 동사를 부수적으로 설명하기 위해 추가된 것으로 이것이 없어도 동사의 의미가 부족하지 않다. 다시 말해서 동사의 필요에 의해 추가된 것이 아니다. 따라서 부사의 추가는 문장 안에서 **부사**의 역할을 감당하고, 생략 가능하다. 이것을 **동사의 자유적적인 추가**라고도 부른다.

예

۱ - وحید با دسته‌ی گل می‌آید.

۲ - وحید به دسته‌ی گل می‌ماند.

☺ 바이드는 꽃다발과 함께 오다.

☺ 바이드는 꽃다발에 머물다. → 비유적 표현: 바이드는 꽃다발과 같다.

▶ 두 문장 모두 명사의 그룹 «دسته‌ی گل»은 전치사와 함께 사용되기 때문에 **추가**이다.

۱번 문장 안의 «دسته گل»는 **부사의 추가**이다. 동사가 이 명사의 그룹을 필요로 하지 않기 때문에 이것을 생략한다 할지라도 문장의 의미와 구성에 손해를 입히지 않는다. 이 명사의 그룹을 '**부사의 추가**'라고 부르고, 전치사와 함께 '**부사**'로 분류한다.

۲번 문장 안에 «دسته گل»는 **동사의 추가**이다. 동사가 이 명사의 그룹 없이는 의미가 완전하지 않기 때문에 이것을 생략하는 것이 가능하지 않다. 따라서 이 명사의 그룹은 문장의 기본 요소가 된다. 이 명사의 그룹을 '**동사의 추가**'라 이름하고, 동사 전용의 전치사에 의해 동사에 연결된다.

보충 설명

동사 «جنگیدن»는 '싸우다, 전쟁하다'라는 의미이다. 이 동사와 주어만으로 하나의 문장을 만들면 문장은 아래와 같이 된다.

☺ 다윗 싸웠다. • داوود جنگید.

그러나 이와 같은 문장은 완전하지 않다. 왜냐하면 동사 «جنگیدن»은 '싸우다, 전쟁하다'라는 의미로 **둘 이상의** 것이 함께 행동하는 것을 나타내기 때문에, 이 문장에는 **주어와 함께 행동할 대상과 이 대상을 동사에 연결할 전치사**가 필요하다.

따라서 주어와 함께 행동을 취하는 대상으로 **적(دشمن)**이라는 단어와 이 단어를 동사에 연결시켜 주어와 함께 행동하는 것을 나타내는 **전치사(~함께(با))**를 문장 안에 **추가**하면, 문장은 다음과 같다.

☺ 다윗은 적과 싸웠다. • داوود با دشمن جنگید.

이제 문장은 하나의 의미를 전달하기에 부족함 없이 완전하게 되었다. 따라서 동사 «جنگیدن»과 같은 동사들은 완전한 문장을 만들어 의미를 전달하기 위해 항상 **전치사**와 함께 **추가**를 필요로 한다. 이와 같은 동사들을 '추가에 통행하는 동사'라 한다. 위 문장에서는 단어 **적(دشمن)**이 **추가**이다.

추가에 통행하는 동사들에 사용되는 전치사들의 역할은 하나의 명사의 그룹을 '추가'시켜 동사를 수식하여 그 의미를 완전하게 하는 것이다. 이때 전치사는 동사의 의미에 맞게 전용으로 사용된다. 즉 모든 전치사가 하나의 동사에 사용되는 것이 아니다. 동사의 의미에 적합한 하나의 전치사가 각 동사의 의미에 맞게 전용으로 사용된다. 이러한 전치사들을 동사의 전용의 전치사라고 부른다. 예를 들어 동사 «جنگیدن»은 전용의 전치사로 **전치사 (~함께(با))**을 갖는다.

주로 전치사 (از، به، بر، برای، در، دربارەی و..)이 전용의 전치사로 사용된다. 전용의 전치사를 제외한 일반 전치사로 만들어진 '전치사+명사의 그룹'은 **'동사의 추가'**가 아니며, 부사의 역할을 감당하는 **'부사의 추가'**이다. 추가는 항상 이 전치사들 다음에 위치한다.

참고

동사의 추가와 부사의 추가는 문장 안에 함께 올 수 있다.

متمم اختیاری　　　　متمم اختیاری

• حدوداً　در هر ساعت　پنج کشتی　از تنگه ی هرمز　برای انتقال نفت　می گذرد.

قید / متمم قیدی / نهاد / متمم فعل / قید / فعل گذرا به متمم

☺ 보통 매 시간마다 다섯 척의 배가 호르모즈 해협으로부터 석유의 이동을 위하여 지나간다.

(3) 문장 안에서의 생략과 숫자(شماره و حذف در جمله)

동사의 추가는 문장 안에 유일하게 **하나**만 오고, 문장의 기본 요소로서 생략할 수 없다. **부사의 추가**는 문장 안에 **하나 이상** 올 수 있고, 설명적인 관점을 갖기 때문에 문장에서 생략할 수도 있다.

예

١ - منوچهر با اتوبوس آمد.

٢ - با دانایان درآمیز.

☺ 마느체흐르는 버스로 왔다. ☺ [너는] 학자들과 교제하라.

▶ 위의 ١, ٢번 문장에서 전치사 다음에 오는 명사의 그룹(اتوبوس)과 (دانایان)는 모두 추가이다. ١번 문장의 추가는 '**부사의 추가**'로서 설명적인 관점을 갖고, 동사는 그것에 필요를 갖지 않기 때문에 생략 가능하다.

- «منوچهر آمد»

☺ 마느체흐르는 왔다.

또한 부사의 추가는 문장 안에서 하나 이상 올 수 있다.

- «منوچهر با اتوبوس، از مدرسه به خانه آمد»

☺ 마느체흐르는 버스로 학교에서 집에까지 왔다.

٢번 문장은 '**동사의 추가**'로서 만약 그것을 생략한다면 문장의 의미가 불완전하게 되기 때문에 생략할 수 없다. 또한 하나 이상 올 수 없다. 만약 생략한다면 아래와 같이 의미가 부족한 문장이 된다.

؟ در آمیز.

☺ ? [너는] 교제하라.

4) 추가에 통행하는 동사들(فعل‌های گذرا به متمم)

(1) 전용 전치사 (به)와 함께하는 동사((به) فعل های با حرف اضافه ی اختصاصی)

① 기본 동사(فعل‌های ساده):

آویختن (در معنی «آویزان شدن»)، ارزیدن، انجامیدن، اندیشیدن، بالیدن (در معنی «افتخار کردن»)،
پرداختن (در معنی «مشغول شدن، اقدام کردن»)، پیچیدن (در معنی «تغییر مسیردادن»[66])،
پیوستن (در معنی «وصل شدن، ملحق شدن»)، تاختن (در معنی «یورش بردن»)، چسبیدن،
خندیدن (در معنی «مسخره کردن»)، ریختن (در معنی « سرازیرشدن ، وارد شدن[67]»)، رسیدن[68]، گرفتن،

---

66 예 ☺ 오른쪽으로 돌아라. • بپیچ به سمت راست.

67 예 ☺ 아르반드 강(티그리스 강)은 페르시아만에 들어온다. • اروندرود به خلیج فارس می ریزد.

ماندن (در معنی «مانند بودن»)، نازیدن، نگریستن و . .

② 접두사의 동사(فعل‌های پیشوندی):

برخوردن، برگشتن، بازگشتن و . . . .

③ 복합 동사(فعل‌های مرکب):

پي بردن، دست زدن (در معنی «اقدام کردن»)، سر زدن، شروع کردن[69]، گوش کردن، خو گرفتن، دست یافتن و . . . .

(2) 전용의 전치사 «از»와 함께하는 동사((از) فعل های با حرف اضافه ی اختصاصی)

① 기본 동사(فعل‌های ساده):

پرهیزیدن، ترسیدن، رنجیدن، گریختن، نالیدن (در معنی «شکایت کردن»[70])، هراسیدن و . .

② 접두어 동사(فعل‌های پیشوندی):

در رفتن، باز ایستادن ، باز ماندن، واماندن و . . .

③ 복합 동사(فعل‌های مرکب):

سردرآوردن، یکه خوردن، سر زدن[71]، بالا رفتن (در معنی «صعود کردن از جایی»)، دست کشیدن، دل کندن و . . .

(3) 전용의 전치사 «در»와 함께하는 동사((در) فعل های با حرف اضافه ی اختصاصی)

① 기본 동사(فعل‌های ساده):

بودن (در معنی «قرار داشتن، حضور داشتن»)، گنجیدن، لمیدن، ماندن[72] و . .

---

68 '도착하다(رسیدن به مقصد)', '주의를 기울이다, 주의하다(مراقبت و رسیدگی کردن)'의 두 개의 의미 모두 '추가에 통행'이다.

예 ☺ [나는] 슈사보다 고대의 도시에 도착했다. • به شهر باستانی شوشتر رسیدیم.

☺ [그는] 스스로의 외모에 주의를 기울이지 않았다. • به سر و وضع خودش نمی رسد.

69 목적어에 통행(گذرا به مفعول) 하는 동사로도 또한 사용된다.

예 ☺ 카드를 시작하라. • **کارت را شروع کن**.

70 «**نالیدن**»은 신음하다, 슬퍼하다(**ناله و زاری کردن**)의 의미로 '**통행하지 않는 동사**'로 사용된다.

예 ☺ 3주 동안 그의 형제의 죽음에 슬퍼했다. • سه هفته در مرگ برادرش نالید.

71 예 ☺ 놀라운 일이 그로부터 일어나다. • کارعجیبی از او سرزد.

72 **ماندن**(مانستن)은 '~와 닮다(مانند بودن)'의 의미와 '머무르다(اقامت کردن یا برجای بودن)'의 의미에서 서로 다른 전용의 전치사와 함께 다른 의미의 동사로 사용된다.

예 ماندن به«مانند بودن» ≠ ماندن در«اقامت کردن یا برجای بودن»

② 접두어 동사(فعل‌های پیشوندی):.

درماندن، فرو رفتن[73]

③ 복합 동사(فعل‌های مرکب):

قرار داشتن، حلقه زدن، کمین کردن، گیر کردن، قرار گرفتن و . . .

(4) 전용의 전치사 « با »와 함께하는 동사((فعل های با حرف اضافه ی اختصاصی(با)

① 기본 동사(فعل‌های ساده):

ساختن (در معنی «سازش کردن، کنار آمدن») ستیزیدن، جنگیدن و . . .

② 접두어 동사(فعل‌های پیشوندی):

درآویختن (در معنی « گلاویزشدن»)، درآمیختن (در معنی «مخلوط شدن، هم نشین و هم صحبت شدن»)، در ساختن (در معنی «سازش کردن، کنار آمدن») و . . .

③ 복합 동사(فعل‌های مرکب):

کنار آمدن،

(5) 전용의 전치사 «بر»와 함께하는 동사((فعل های با حرف اضافه ی اختصاصی(بر)

① 기본 동사(فعل‌های ساده):

چربیدن[74]، شوریدن (در معنی «حمله‌ور شدن») و . . .

② 복합 동사(فعل‌های مرکب):

پا گذاشتن و . . .

5) 추가의 생략(حذف متمم)

보통 앞 문장에서 사용했던 단어가 추가이거나, 회화 중에 전에 언급되었던 단어 또는 두 사람 이상의 출석(참석) 가운데 서로 알고 있는 단어가 추가로 사용될 때는 문장 안에서 반복 사용을 피하기 위해 생략할 수 있다[75].

예를 들어 만약 당신이 친구와 함께 어떤 소리를 듣고, '[나는] 두려웠다(ترسیدم)'를 말한다면, 이 문장은 '추가'가 생략된 것이 확실하다. 왜냐하면 당신이 말한 문장 '[나는] 두려웠다(ترسیدم)'의 완전한 의미는 '[나는] 그 소리로부터 두려웠다(از آن صدا ترسیدم)'이기 때문이다. 즉 두 사람이 함께 있는 상황(출석)에서 '소리'를 들었으므로, 단어 '소리'를 생략 하여 '[나는] 두려웠다(ترسیدم)'라고 말할 수 있다. 이때 생략된 그룹 '그 소리로부터 (از آن صدا)'에서 전치사 '~로부터(از)'가 **전용의 전치사**이고, 명사의 그룹 '그 소리(آن صدا)'는 **동사의 추가**이다.

---

[73] 이 동사를 위하여 «به»와 «در»의 두 개의 전치사가 함께 활용된다.

예 ☺ 나무가 물에 가라앉았다. • چوب به / در آب فرو رفت.

[74] 이 동사는 전치사«به»와도 함께 사용한다.

[75] 문장의 기본요소들의 생략은 이 책 PAGE 127 에서 자세히 다루게 될 것이다.

생략된 문장의 추가는 찾을 수 있는 것이기 때문에 문장 안에서 생략되었다 하더라도 '추가에 통행하는 동사'에 어떤 영향도 주지 않고, 문장을 구성하기에 부족하지 않다.

6) 추가를 찾는 방법(روش پیداکردن متمم)

추가는 항상 전치사와 함께 사용되기 때문에 전치사가 추가를 찾는 안내 역할을 한다. 다른 말로 '추가'는 '동사의 추가'이든, '부사의 추가'이든 항상 전치사와 함께 오기 때문에 전치사를 통해 '추가'를 찾을 수 있다.

예

• ناهید در شب مهمانی برای جلب توجه پدر و مادرش به کار عجیبی دست زد.

متمم قید　　　متمم قید　　　متمم فعل

☺ 너히드는 모임의 밤(파티의 밤)에 그의 아버지와 어머니의 주의를 끌기 위하여 놀라운 일에 착수했다.

▶ 이 같이 전치사를 통해 추가를 찾을 수 있기 때문에 추가는 문장 안에서 다른 부분들과 서로 자리 교환을 할 수 있다.

• ناهید برای جلب توجه پدر و مادرش در شب مهمانی به کار عجیبی دست زد.
• ناهید در شب مهمانی به کار عجیبی برای جلب توجه پدر و مادرش دست زد.

▶ 추가는 가끔 복합 동사의 두 부분 사이에 오는 것이 가능하다[76].

• ناهید در شب مهمانی برای جلب توجه پدر و مادرش دست به کار عجیبی زد.

주의

동사의 추가를 찾는 가장 좋은 방법은 '어떤 명사의 그룹이 동사 전용의 전치사와 함께 있는 가'를 찾는 것이다. 그러나 가끔은 이 '전용의 전치사+추가(명사의 그룹)'의 결합이 '부사'인 경우도 있다. 따라서 '전용의 전치사와 추가'의 결합이 동사의 의미를 완전하게 하면, 이 추가는 동사의 추가이고, 부사적인 설명이면, 이 추가는 부사의 추가이다.

예를 들어 문장 «آن‌ها با دست خالی با اشرار جنگیدند»은 같은 모양의 전치사 «با»가 문장 안에 두 번 사용되었고, 이 전치사들 다음 오는 명사들은 추가이다. 동사 «جنگیدن»은 전용의 전치사로 전치사 «با»를 필요로 하는데, 전용의 전치사는 문장 안에 하나만 오기 때문에 두 개의 전치사 «با» 중 하나는 전용의 전치사이고, 다른 하나는 일반 전치사이다.

이 문장의 전치사 «با» 다음에 오는, 추가들의 내용을 살펴 보면, 하나는 '반역자(اشرار)'이고, 다른 하

---

[76] 이것에 대한 자세한 사항은 앞으로 공부할 동사 안에, '복합 동사의 부분들 가운데 중단'의 주제에서 다루게 될 것이다.

나는 '빈 손(دست خالی)'인데, 동사 «جنگیدن»은 '전쟁하다'의 의미로 전용의 전치사 «با»와 함께 전쟁에 마주 서 있는 상대를 동사의 추가로 필요로 한다. 두 개의 추가 중 전쟁에 마주 서 있는 추가는 '반역자(اشرار)'이므로 이 명사가 동사의 추가가 되고, 일반 전치사 «با»와 함께 있는 추가 '빈 손(دست خالی)'은 의미상 부사의 추가가 된다.

예

متمم قید

• آنها با دست خالی با اشرار جنگیدند.

قید / متمم فعل

☺ 그들은 **빈 손으로** **반역자들과** 싸웠다.

متمم اختیاری

• کاغذ به خوبی به دیوار چسبید.

قید / متمم فعل

☺ [우리는] 종이를 **벽에** **잘** 붙였다.

متمم اختیاری

• ما به یاری شما به این نتیجه‌ی عالی رسیدیم.

قید / متمم فعل

☺ 우리는 **우리의 친구들의 도움으로** **최고에 이 결과에** 이르렀다.

7) 전치사의 생략(حذف حرف اضافه)

가끔 시간과 장소를 나타내는 **추가**가 올 때 추가와 함께하는 전치사가 생략될 수 있다. 이 경우는 '부사의 추가'와 '동사의 추가' 모두 적용된다.

(1) 장소와 시간을 나타내는 '부사의 추가'의 경우

• بهرام دارد در آنجا قدم می زند. ← بهرام دارد آنجا قدم می زند.

☺ 바흐럼은 그곳에서 산책을 하고 있다. → 바흐럼은 그곳(에서) 산책을 하고 있다.

(2) 장소와 시간을 나타내는 '동사의 추가'의 경우

• به داخل کوچه بپیچ. ← داخل کوچه بپیچ.

☺ 골목 안에서 돌아라. → 골목 안[에서] 돌아라.

• مریم سه هفته در خانه‌ی ما ماند. ← مریم سه هفته خانه‌ی ما ماند.

☺ 마리얌은 삼 주 동안 우리의 집에 있었다. → 마리얌은 삼 주 동안 우리의 집[에] 있었다.

• گلدان بر روی میز شیشه‌ای قرار داشت. ← گلدان روی میز شیشه‌ای قرار داشت.

☺ 꽃병이 유리 테이블 위에 놓였다. → 꽃병이 유리 테이블 위[에] 놓였다.

• بابک در منزل ما است (حضور دارد). ← بابک منزل ما است.

☺ 버박은 우리의 집에 있다.(출석을 갖다) → 버박은 우리의 집[에] 있다.

• پای حیوان در بین پره‌های چرخ گاری گیر کرده بود. ← پای حیوان بین پره‌های چرخ گاری گیر کرده بود.

☺ 동물의 발이 짐차의 바퀴살 사이에 걸려 넘어졌다.

→ 동물의 발이 짐차의 바퀴살 사이(에) 걸려 넘어졌다.

참고

전치사가 생략된 '부사의 추가'는 단독으로 부사의 역할을 한다. 또한 이 부사도 생략하는 것이 가능하다. 물론 전치사가 생략된 '동사의 추가'도 단독으로 동사의 추가의 역할을 한다. 그러나 이것은 문장에서 생략할 수 없다. 이 '동사의 추가'는 문장의 기본 요소이고, 부사가 아니기 때문이다. 따라서 전치사가 생략되었지만 '동사의 추가'가 있는 문장을 '추가와 함께 세 부분의 문장'으로 분류한다.

예: 부사의 추가에서 전치사 생략

متمم اختیاری

• بهرام دارد در آن جا قدم می زند. ← بهرام دارد آن‌جا قدم می زند.

قید　　　　　قید

☺ **바흐럼은 그곳에서 산책을 하고 있다. → 바흐럼은 그곳(에서) 산책을 하고 있다.**

▶ **이 문장에서 부사 (آن‌جا)는 생략할 수 있다. → .بهرام دارد قدم می‌زند •**

예: 동사의 추가에서 전치사 생략

• داخل کوچه بپیچ.

☺ **골목 안[에서] 돌아라!**

▶ ① **문장의 동사(فعل جمله): بپیچ(진로의 변경을 주다)**

② **동사의 통행(گذر فعل): 추가에 통행(گذرا به متمم)**

→ **추가와 함께하는 세 부분의 문장(전치사가 생략된 것을 포함해서)**

(جمله‌ی سه جزئی با متمم (با حذف حرف اضافه

③ **생략된 전치사: (به)**

• کتاب کنار کیف قرار دارد.

☺ **[그는] 책을 가방 옆[에] 놓다.**

▶ ① **문장의 동사(فعل جمله): قرار دارد**

② **동사의 통행(گذر فعل): 추가에 통행(گذرا به متمم)**

→ **추가와 함께하는 세 부분의 문장(전치사가 생략된 것을 포함해서)**

(جمله‌ی سه جزئی با متمم (با حذف حرف اضافه

③ **생략된 전치사: (در)**

◈ 연습 문제 4(تمرین)

아래의 예들에서 추가와 함께하는 세 부분의 문장들을 찾고, 그 문장 안에서 주어와 동사의 추가를 구분하라.

۱- آن زن به مهارت خود می بالد.
۲- او از گرانی هزینه زندگی نالید.
۳- آنها به مشکلات زیادی برخوردند.
۴- حسن به مدرسه بازگشت.
۵- دایی کت خود را به دیوار آویخت.
۶- آن مرد از گناه پاک شد.
۷- او با دوستش کنار آمد.
۸- پدربزرگم پول خود را به بانک پرداخت.
۹- آن بچه آب را در کوزه ریخت.
۱۰- پسرکامران ازنزدیک شدن به آتش پرهیزمی کند.

2-3 보어와 함께하는 세 부분의 문장들(جمله‌های سه جزئی با مسند)

1) 기본 학습(پایه شناخت این درس)

이 문장들에 사용된 동사들은 동사만으로는 주어에 대한 설명이 부족하기 때문에, 하나의 명사의 그룹을 주어에 연결시켜 주어를 완전하게 설명한다. 동사에 의해 주어에 연결된 명사의 그룹을 **보어**라 하다. 이와 같이 페르시아어 문법에서 보어를 필요로 하는 동사를 **'보어에 통행하는 동사'**라 한다. 보어에 통행하는 동사를 또한 **'연결 동사**[77]'라고도 부른다.

따라서 문장의 구성은 **'주어+보어+동사'**가 되고, 보어는 명사의 그룹[78], 명사 상당어구(명사절)와 형용사 상당어구(형용사절)[79]가 온다.

예: 이 두 문장에 주의하라.

☺ 나의 형제는 자고 있었다. ۱- برادرم خوابید.

---

[77] '연결 동사'는 말 그대로 '어떤 것에 다른 것을 연결한다'는 의미이다. 즉 연결 동사는 보어(상태, 성질, 사실 등을 나타내는 명사의 그룹)를 주어에 연결하여 어떤 내용을 나타낸다.

예 '그는 기쁘다.(**شاد است**)' → '기쁨'이라는 형용사를 연결 동사가 주어에 연결하여 주어의 상태를 나타낸다.

[78] 명사의 그룹은 명사 또는 형용사가 단독으로 오거나 수식하는 단어들과 함께 오는 것을 말한다.

[79] 페르시아어에서 명사와 형용사의 절이 명사와 형용사의 역할을 대신할 때도 있다.

예 ☺ [그는] 매우 지쳐있는 것으로 생각한다. (형용사절) • به نظر می آید خیلی خسته است.

☺ 그가 쉬러즈에 있는 것으로 생각한다. (명사절) • به نظر می آید او در شیراز است.

☺ 나의 형제는 지쳐 있었다. ٢- برادرم خسته بود.

▶ ١번 문장은, 동사 «خوابید»이 홀로 주어의 동작을 나타낼 때 의미상으로도 부족함이 없다. 그러나 ٢번 문장은, 동사 «بود»이 홀로 명백하게 주어를 설명하지 못하고, 의미상 불완전하다. 그렇지만 이 문장에 명사의 그룹 «خسته»을 추가하여, 동사 «بودن»을 통해 주어에 연결하면 문장의 의미는 완전하게 된다. 이 문장에서 동사 «بودن»은 **연결동사**, 즉 **보어에 통행하는 동사**이고, 명사의 그룹 «خسته»은 보어이다.

2) 보어에 통행하는 동사들[80](فعل‌های گذرا به مسند)

(1) بودن

بودن 과 그것의 대리자들[81](باشم، باشی و . . .، هستم = ام، هستی = ای و . . .، نیست):

بودن은 연결동사로서 '~이다[to be]'의 의미로 사용된다.

예

- امروز جمعه است.
- او دوست من است.
- خوبی ؟
- ما همسایه هستیم.
- هوا آلوده است.
- حق با شما است.
- قوی باش.
- دیروز جمعه بود.
- خدا با ما یار خواهد بود.
- شاید آن مرد پدرم بوده است.
- شاید آن مرد پدرم بوده باشد[82].

☺ 오늘은 금요일이다. (현재 시제 평서문, 보어: 명사)

☺ 공기가 오염되다. (현재 시제 평서문, 보어: 형용사)

☺ 그는 나의 친구이다. (현재 시제 평서문, 보어: 명사)

☺ 진실은 당신과 함께 있다. (현재 시제 평서문, 보어: 명사)

☺ 잘 있었니? (현재 시제 2인칭 질문형, 보어: 형용사)

☺ 건강해라. (현재 시제 명령형, 보어: 형용사)

☺ 우리는 이웃이다. (현재 시제 평서문, 보어: 명사)

☺ 어제는 금요일이었다. (과거 단순 시제, 보어: 명사)

☺ 하나님은 우리와 함께 친구가 될 것이다. (현재 시제 미래형, 보어: 명사)

---

[80] 보통 이 동사들은 다른 의미로도 사용되는데 각 의미마다 다른 '동사의 통행'을 갖는다. 이 동사들이 연결 동사일 때만 '보어에 통행하는 동사'가 되고, 이외에는 대부분 '다른 동사의 통행'을 갖는다. 이 책의 PAGE 74 를 참조하라.

[81] 이 책의 PAGE 70 의 표 14를 참조하라.

[82] 마지막 두 예문 안에 기본 동사 (بوده)는 도움을 주는 동사 (است), (باشد)와 함께 현재 완료 시제와 과거 가능형의 시제를 나타낸다.

☺ 아마도 그 남자는 <u>나의 어버지</u>였다.(현재 완료 시제, 보어: 명사)

☺ 아마도 그 남자는 아마도 <u>나의 아버지</u>였을 것이다.(과거 가능형, 보어: 명사)

참고

동사 (بودن)은 유일하게 현재형과 과거형 그리고 가능법과 명령법의 모양이 다르다. 이것을 표로 정리하면 다음과 같다.

표 14

동사의 시제	단수(مفرد)			복수(جمع)		
	1인칭	2인칭	3인칭	1인칭	2인칭	3인칭
과거 시제 동사(بودن)	بودم	بودی	بود	بودیم	بودید	بودند
현재 시제 동사(استیدن)	استم = ام	استی = ای	است	استیم = ا یم	استید = اید	استند = اند
현재 시제 동사(هستیدن)	هستم = ام	هستی = ای	هست	هستیم = ا یم	هستید = اید	هستند = اند
현재 시제 동사(باشیدن)	می باشم	می باشی	می باشد	می باشیم	می باشید	می باشند
가정법 동사(باشیدن)	باشم	باشی	باشد	باشیم	باشید	باشند
명령법 동사(باشیدن)	–	باش	–	–	باشید	–

표 14의 설명

표 14의 모든 동사들은 과거형 동사 (بودن)으로부터 시작되어, <u>(بودن)의 현재 시제 동사로(استیدن), (هستیدن), (باشیدن)</u>이, <u>(بودن)의 가정법 동사로 (باشیدن)</u>이, <u>(بودن)의 명령법 동사로 (باشیدن)</u>이 활용된다.

① 동사 (بودن)의 현재형 동사 (استیدن), (هستیدن), (استیدن)의 비교

동사 (استیدن)와 (هستیدن), (استیدن)은 모두 '~**이다**'의 의미에서 '보어에 통행하는 동사'에 사용된다. 동사 (استیدن)은 현재 3인칭 단수 동사 (است)만 사용되고, 나머지는 사용되지 않는다. 동사 (هستیدن)은 현대의 페르시아어에서 주로 '~이다'의 의미로 사용되는데, 가끔은 '~있다'라는 의미로 '통행이 없는 동사'로도 많이 사용된다. 동사 (باشیدن)은 주로 문학적 표현과 관습적 표현에서 사용되고, 일반적인 문장에서는 사용하지 않는다. 그러나 동사 (باشیدن)는 동사 (بودن)의 가정법과 명령법 동사로 사용된다.

② 동사 (بودن)의 가정법 동사(باشیدن)

동사 (باشیدن)은 가정법으로 사용될 때 인칭어미만 오고, 접두어 (می)는 오지 않는다. 이때 가능법 요소들(عامل های التزامی ساز = امکان دارد ،شاید ،ممکن است ،باید ،شاید) 또는 종속 접속사 제작자(پیوند وابسته ساز = اگر ,که) 등의 단어들과 함께 다른 문장의 종속 문장으로 올 수 있다.

ⓐ 현재 가능형(باشیدن)

- ما باید سر ساعت هشت صبح سر کارمان باشیم.
- ممکن است حرف شما درست نباشد.
- شاید کارش غلط باشد.
- اگر او در دانشگاه باشد، من به دانشگاه می روم.

☺ 우리는 아침 8시 정각에 당신의 직장에 있어야만 할 것이다.

☺ 당신의 말이 옳지 않을 것이 가능하다.

☺ 아마 그의 일은 틀렸을 것이다.

☺ 만약 그가 대학교에 있다면, 나는 대학교에 간다.

▶ 첫 번째와 두 번째, 세 번째 예문은 가능법 동사 (باشیدن)이 가능법 요소들과 함께 제작되었고, 네 번째 문장은 가능법을 나타내는 문장이 종속 접속사와 함께 종속 문장으로 사용되었다.

ⓑ 과거 가능형(باشم، باشی، باش، باشیم ، باشید، باشند + 기본 동사의 과거 분사[=صفت مفعول])

- شاید من این کتاب را خوانده باشم.
- من باید به اصفهان رفته باشم.
- به نظر می آید [که] خیلی خسته باشید.

☺ 아마도 나는 이 책을 읽었을 것이다.

☺ 나는 에스퍼헌에 갔어야만 했을 것이다.

☺ [당신은] 매우 지쳐있는 것으로 보일 것이다.

▶ 첫 번째와 두 번째 예문은 가능법 동사 (باشیدن)이 가능법 요소들과 함께 제작되었고, 세 번째 문장은 가능법을 나타내는 문장이 종속 접속사와 함께 종속 문장으로 사용되었다.

③ 동사 (بودن)의 명령법 동사 (باشیدن)

동사 (باشیدن)은 명령법 동사에서 주로 '있다'의 의미로 사용된다.

- تو در خانه باش تا من بیایم.

☺ 너는 집에 있어라 내가 올 때까지

▶ 어떤 명령을 수행하겠다는 대답으로 ([باشه=]باشد)를 사용한다. 이때 ([باشه=]باشد)는 단독으로 사용된다.

- فردا به دانشگاه بیا ! ← باشد[=باشه].

☺ 내일 대학교에 와라! → 알았다.

▶ 명령을 수행하겠다는 대답으로 (چشم)과 ([باشه=]باشد)이 함께 사용되지만 ([باشه=]باشد)은

친구들 사이에 사용하고, (چشم)은 존칭을 나타내는 경우에 사용한다.

(2) شدن و گشتن

동사 (شدن)은 연결동사로서 '~이(가) 되다, ~하게 되다[to become, to get]'의 의미로 사용된다. 여기에서 '~이 되다'라는 의미는 상태가 변화된 것을 나타낸다. 즉 주어가 예전과 다르게 변화된 것을 나타낸다. «گشتن»이 언제라도 «شدن» 대신에 사용될 때[83] **보어에 통행하는 동사**가 된다.

예

- حالم خوب شد.
- قیمت طلا ارزان شده است.
- با من دوست شو!

☺ 나의 상태가 좋게 되었다.(과거 단순 시제)

▶ 상태(건강)가 예전에 좋지 않았지만 좋아진 변화를 나타낸다.

☺ 금의 가격은 싸게 되었다.(수동태)

▶ 금 가격이 과거에 비해 싸졌다는 변화를 나타낸다.

☺ 나와 친구가 되자!(명령형)

▶ 이 문장의 동사는 명령형으로서 과거에는 친구가 아니었던 사람에게 지금 친구가 되자는 관계의 변화에 대한 명령을 나타낸다.

참고

동사 (بودن)과 동사 (شدن و گشتن)의 비교

'بودن'은 '~이다'라는 **사실**을 나타내고, 'شدن و گشتن'은 '~이 되다'로 **상태의 변화**를 나타낸다.

예

۱- هوا سرد است. ☺ **날씨가 춥다.**

۲- هوا سرد می شود. ☺ **날씨가 춥게 되다.**

▶ **۱번 예문은 '날씨가 춥다'라는 사실을 나타낸 것이다. 예를 들어 날씨는 더울 수도 있지만 현재 날씨가 추운 것을 나타낸다. ۲번 예문은 '날씨가 춥게 되다'라는 날씨의 변화를 나타낸다. 즉 과거에는 날씨가 춥지 않았지만, 지금은 추워진 변화를 나타낸다. 따라서 ۱번 문장은 지금의 사실(상태)를 나타내는 것이고, ۲번 문장은 과거에는 날씨는 춥지가 않았으나 지금은 춥게 되었다는 변화를 나타내는 것이다.**

---

[83] «گشتن»은 보통 정식의 산문들 안에 반복해서 사용하는 것을 피하기 위해 «شدن»대신에 사용된다.

(3) به نظر رسیدن، به نظر آمدن ، نمودن

동사 (به نظررسیدن)은 연결 동사로서 **'~으로 생각되다, ~하게(으로) 보인다**[to seem, to appear, to look]'의 의미로 사용된다. 언제라도 동사 (نمودن)과 (به نظر آمدن)이 동사 (به نظر رسیدن)의 의미로 사용될 때 이 동사들은 **보어에 통행하는 동사**가 된다.

예

- به نظر فرد مطمئنی می آید.
- او آدم شریفی می نماید.
- به نظر می آید خیلی خسته است.
- آن مرد خیلی شجاع به نظر می رسید.

☺ 그는 확실한 사람으로 보인다.

☺ 그는 존경할 만한 사람으로 보인다.

☺ 그는 매우 지친 것으로 보인다.

☺ 그 남자는 매우 용감하게 보인다.

(4) نام داشتن[84]

동사 (نام داشتن)은 연결동사로서 '~**이라 불린다**[to be called]'의 의미로 사용된다.

예

- او لیلا نام دارد.
- این شهرکازرون نام دارد.

☺ 그는 레일라라 불린다.

☺ 이 마을은 커제런 도시라 불린다.

(5) ماندن

동사 (ماندن)은 연결동사로서 '**~한 상태로 있다**[to keep]'의 의미로 사용된다. 만약 동사 (ماندن)이 «گذاشتن»의 수동태의 형태 대신에 사용된다면 **'~한 상태로 있다'**의 의미를 갖는다.

예

- ما دو سال از برادر بزرگم بی خبر ماندیم.
- در خانه باز مانده است.
- تو تنها نخواهی ماند[85].

---

[84] «نام داشتن»은 언제라도 복합 동사의 모양으로 사용할 때, **보어에 통행하는 동사**이다. 그러나 «نام»이 목적어의 역할로 나타난다면, **«داشتن»**은 목적어와 함께하는 세 부분의 동사가 된다.

예 ☺ 이 도시는 아름다운 이름을 갖는다. • این شهر نام زیبایی دارد.

☺ 우리는 2년 동안 나의 형으로부터 소식이 없는 상태였다.

☺ 집의 문이 열린 상태로 있었다.

☺ 너는 혼자인 상태로 있게 될 것이다.

▶ 보통 이 문장들은 동사 «گذاشتن»과 함께 '보어 및 목적어와 함께하는 네 부분의 문장'으로 교환된다.

• ما دو سال از برادر بزرگم بی خبر ماندیم ← برادر بزرگم ما را دو سال از خودش بی خبر گذاشت.

• در خانه باز مانده است ← مادرم در خانه را باز گذاشته است.

• تو تنها نخواهی ماند ← ما تو را تنها نخواهیم گذاشت.

☺ 우리는 2년 동안 나의 형으로부터 소식이 없는 상태로 있었다.

→ 나의 형은 우리를 2년 동안 그 스스로부터 소식 없는 상태로 두었다.

☺ 집의 문이 열려 있는 상태로 있다. → 나의 어머니는 집의 문을 열려 있는 상태로 두었다.

☺ 너는 혼자인 상태가 될 것이다. → 우리는 너를 혼자인 상태로 두지 않을 것이다.

3) 보어에 통행하는 동사들의 다른 의미와 다른 통행

(فعل ها یی که در اینجا گذرا به مسند هستند، ممکن است در جمله دیگر گذرا به متمم، مفعول و....با شند)

보어에 통행하는 동사 («بودن»، «شدن»، «گشتن»، «ماندن» و «به نظر رسیدن»)은 항상 **'보어에 통행'**으로 사용되지 않고, 다른 통행으로 사용되는 경우도 있다. 이때 의미 또한 변화된다.

(1) «بودن»

① 의미: 존재하다, 있다(وجود داشتن)[to exist, to be]

→ 동사의 통행(گذر فعل): 통행하지 않는 동사(ناگذر)

예

• خدا هست.

• موضوعی نیست که به تو نگفته باشم.

• آن روزها برق نبود.

☺ 하나님은 존재한다. (하나님은 있다)

☺ [내가] 너에게 말하지 않았을 주제는 없다.

☺ 그 날들은 전기가 없었다.(존재하지 않았다)

② 의미: 출석하다, 있다(فرارسیدن، حضور داشتن)[to attend, to be]

---

[85] 만약 «ماندن»이 '머무르다, 거주하다 (اقامت کردن)و(حضور داشتن مداوم)'의 또는 '잡히다, 끼다(گیر کردن)'의 의미로 사용된다면, **추가에 통행하는 동사**이다.(보통 생략된 전치사와 함께)

예 ☺ [너는] 오늘밤 우리 앞(에) 머물러라(있어라). • **امشب (در) پیش ما بمان.**

☺ 미완성의 그림은 방의 구석(에) 머물렀다(있었다). • **تابلوی نقاشي نیمه کاره (در) گوشه‌ی اتاق ماند.**

☺ 나의 손이 문 위에 끼었다. • **دستم (در) لای در ماند.**

→ 동사의 통행(گذر فعل): 추가에 통행하는 동사(گذرا به متمم)

예

• قله در دو قدمی ما بود. • آرش (در) خانه هست؟
• همیشه در قلب ماست.

☺ 정상은 우리의 두 걸음 안에 있었다. ☺ 어라쉬는 집[에] 있습니까?

☺ [그는] 항상 우리 마음 안에 있다.

(2) «شدن»

① 의미: 도착하다, 오다[=밤, 계절 등이 되다](فرارسیدن) ;[to come, to become]

→ 동사의 통행(گذر فعل): 통행하지 않는 동사(ناگذر)

예

• شب شد. • دیگر زمستان شده است.

☺ 밤이 왔다(되었다). ☺ 다시 겨울이 왔다.

② 의미: 가능하다(امکان داشتن) ;[to be possible, to feasible]

→ 동사의 통행(گذر فعل): 통행하지 않는 동사 (ناگذر)

예

• می شود این مسئله را حل کرد. • نمی شد از رودخانه گذشت[86].

☺ 이 질문을 해결하는 것이 가능하다. ☺ 강으로부터 건너는 것은 가능하지 않다.

③ 의미: 일어나다, 발생하다(اتفاق افتادن، به عمل آمدن) ;[to happen, to occur]

→ 동사의 통행(گذر فعل): 통행하지 않는 동사(ناگذر)

예

• جنگ شد. • با این پیش‌نهاد موافقت شد[87].

---

[86] 주어가 절(문장)인 경우 항상 동사 **«شدن»**의 주어는 동사 다음, 종속절(종속 주어)의 형태로 온다.

예:

• می شود [که] <u>این مسئله را حل کرد</u>. (حل کردن این مسئله می شود = ممکن است)

پیرو نهادی

• نمی شد [که] <u>از رودخانه گذشت</u>. (گذشتن از رودخانه نمی شد)

پیرو نهادی

☺ 이 질문을 해결하는 것이 가능하다. ☺ 강으로부터 지나는 것이 가능하다.

▶ 위와 같은 주어가 종속 절(문장)인 경우 하나의 명사의 그룹으로 교환 가능하다.

[87] 이 문장 안에 추가 (**این پیش‌نهاد**)는 동사의 추가가 아닌, 명사의 추가이다. 따라서 명사 (**موافقت**)를 수식한다.

• <u>با این پیش‌نهاد</u> موافقت <u>شد. (به عمل آمد)</u>

<u>متمم نهاد</u> ← <u>نهاد</u> / <u>فعل ناگذر</u>

☺ 전쟁이 일어났다. ☺ 이 제안과 함께 찬성이 일어났다.

주의

동사 «شدن»의 경우에 복합 동사(예: انجام شدن)의 제작에 활용되는데, 현대 페르시아어 안에 복합 동사를 만드는 동사 «کردن»의 수동태 동사로도 사용된다.

(3) **گشتن**

① 의미: 찾다, 조사하다[88](وارسی کردن، جست و جو کردن) ;[to search]

→ 동사의 통행(گذر فعل): 목적어에 통행 동사(گذرا به مفعول)

예

• این اتاق را خوب بگرد.

☺ 이 방을 잘 조사하라.

② 의미: 돌다(چرخیدن) ;[to turn]

→ 동사의 통행(گذر فعل): 통행하지 않는 동사(ناگذر)

예

• فرمان ماشین نمی گردد.

☺ 차에 핸들이 돌지 않는다.

(4) **به نظر رسیدن**

① 의미: 떠오르다(به ذهن خطور کردن) ;[to strike]

→ 동사의 통행(گذر فعل): 통행하지 않는 동사(ناگذر)

예

• مطلبی به نظرم رسید.
• چیزی به نظرم نمی رسد.

☺ 어떤 주제가 나의 생각에 이르다.

☺ 어떤 것도 나의 생각에 이르지 않는다.

② 의미: 추측되다, 짐작되다(گمان کردن، حدس زدن) ;[to guess, to surmise]

→ 동사의 통행(گذر فعل): 통행하지 않는 동사(ناگذر)

예

• به نظرم می رسد که علی می خواهد با ما همراه شود[89].

---

[88] 동사 «گشتن»은' '찾다(جستجو کردن)'의 의미로 전치사 'دنبال (به)'와 함께 사용되고, '추가에 통행하는 동사'가 된다.

예 ☺ [나는] 이 책을 쫓아서 찾으려고 몇 년 동안 있었다. • سال‌ها بود که (به) دنبال این کتاب می گشتم.

[89] 이곳에 또한 동사 «به نظرم می رسد»의 주어는 종속의 절(주어)로 온다.

☺ 알리가 우리와 함께 하는 것을 원하는 것이 나의 추측이 되다.

참고

동사 (نمودن)는 '~으로 생각되다[to seem, to appear, to look] = «به نظر رسیدن»'의 의미에서 보어에 통행이고, '보여주다[to show] = «نشان دادن»'의 의미에서 추가와 목적어에 통행이다.

예

• این فرض درست نمی نماید. (به نظر نمی رسد)
• این راه حل درست نمی نماید. (به نظر نمی رسد)
• راه درست را به ما نمود. (نشان داد)
• او راه درست زندگی را به ما می نماید. (نشان می دهد)

☺ 이 생각은 옳지 않은 것으로 생각된다. ☺ 이 해결방법은 옳지 않은 것으로 생각된다.

☺ [그는] 옳은 길을 우리에게 보여주었다. ☺ 그는 삶의 옳은 길을 우리에게 보여준다.

(5) **ماندن**

① 의미: 남다(باقی ماندن، برجا ماندن) ; [to remain]

→ 동사의 통행(گذر فعل): 통행하지 않는 동사(ناگذر)

예

• از آن همه پول همین مانده است.
• غذایی نمانده است. • پولی برایم نمانده است.

☺ 그 모든 돈으로부터 바로 이것이 남았다.

☺ 음식이 남지 않았다. ☺ 나를 위하여 돈이 남지 않았다.

② 의미: 거주하다, 머무르다((حضور مداوم) اقامت کردن)[to stay]

→ 동사의 통행(گذر فعل): 추가에 통행하는 동사(گذرا به متمم)

예

• (در) همین جا بمان. • او سه سال در تهران ماند.
• پایش (در) داخل شکاف صخره ماند. • چند روز در این شهر بمان.

☺ 바로 이곳에 머물러라(있어라). ☺ 그는 3년 테헤란에 머물렀다.

☺ 며칠 이 도시 안에 머물러라(있어라).

• به نظرم می رسد که علی می‌خواهد با ما همراه شود. (← همراه شدن علی با ما، به نظرم می رسد).

پیرو نهادی

③ 의미: 닮다(مانند بودن، مانستن) ;[to be like, to resemble]

→ 동사의 통행(گذر فعل): 추가에 통행하는 동사(گذرا به متمم)

예

• چقدر به پدرش می ماند!

☺ 얼마나 그의 아버지와 닮았나!

4) 보어를 찾는 방법(روش پیداکردن مسند)

보어는 목적어와 추가와 다르게 안내의 역할을 갖지 않는다[90]. 이와 같은 이유로 유일하게 보어를 찾는 방법은 그것이 '**보어에 통행하는 동사**'의 옆에 위치하는 것이다. 그러므로 보어를 갖는 각 문장에서 동사에 가장 가까운 명사의 그룹이 보어이다[91].

예

• فردا تعطیل است.
نهاد / مسند

• امروز چند شنبه است؟
نهاد / مسند

• انتخاب تو کدام است؟
نهاد / مسند

• در آغاز همه‌چیز آسان می نمود.
نهاد / مسند

• او آدم شوخی به نظر می رسد.
نهاد / مسند

☺ 내일은 휴일이다. ☺ 오늘은 무슨 요일입니까?

☺ 너의 선택은 어느 것이냐?

☺ 처음에 모든 것이 쉬운 것으로 보인다. ☺ 그는 농담하는 사람으로 보인다.

5) 보어가 추가로 대체될 때(گاهی برای فعل اسنادی جای مسند متمم می آید)

현대의 페르시아어에서는 다음과 같은 동사들이 **보어와 함께하는 세 부분의 문장**에 사용된다.

(1) «بودن» و «شدن»의 두 부정사의 동사들

(2) «شدن»과 같은 의미의 동사들, 예를 들어: «گشتن» و «گردیدن»

---

[90] 예를 들어 목적어의 안내의 역할은 «را»이고, 추가의 안내의 역할은 전치사이다.

[91] 언제라도 «من»، «تو»، «ما»، «شما»의 인칭 대명사들로부터 하나가 보어에 통행하는 동사 옆에 오고, 동사의 인칭어미와 일치한다면 이 인칭 대명사들은 주어이다. 보어가 아니다.

예

• من دوست تو هستم ↔ دوست تو من هستم.
نهاد / مسند / فعل ا.م (1인칭 단수) ↔ مسند / نهاد / فعل ا.م (1인칭 단수)

• تو بهرام هستی ↔ بهرام تو هستی؟
نهاد / مسند / فعل ۲.م (2인칭 단수) ↔ مسند / نهاد / فعل ۲.م (2인칭 단수)

☺ 나는 너의 친구이다 ↔ 나는 너의 친구이다. ☺ 너는 바흐럼입니까 ↔ 너는 바흐럼입니까?

(3) 위의 동사들로부터 파생된 동사들(است، می‌باشد، می‌شود و...)

이 동사들은 보어와 함께하는 세 부분의 문장을 제작하는데 가끔 보어 대신에 **추가와 함께하는 세 부분의 문장**을 만들기도 한다. **추가와 함께 전치사가** '보어에 통행하는 동사들'의 옆에 위치하고, 보어의 역할을 대체한다. 이와 같은 경우에 제작된 문장을 추가와 함께하는 세 부분(보어의 대리인[92])으로 분류한다.

예

- این پارچه از ابریشم است.
- فلانی از ساکنان این محل است.
- نیاز ما به پول است.
- اعتراض ما به این قسمت قرارداده است [93].
- او به زیبایی تو نیست[94] .
- حق با شماست.

☺ 이 천은 실크로되어 있다.

☺ 그 사람은 이 지역의 주민들 가운데 있다.

---

[92] 정확하게 말하면 (전치사+추가)의 결합은 추가의 역할을 하지만, 보어를 대신하여 사용되는 것이다.

[93] 명사들 또한 동사처럼 추가를 갖는다. (**نیاز، دلخوری، اعتراض**)와 같은 단어들은 전용의 전치사와 함께 추가를 갖는다. 이때 전치사와 함께 추가되는 단어를 '명사의 추가'라 배웠다. 만약 추가에 수식을 받는 명사가 '보어에 통행하는 동사'에 문장의 주어가 된다면 '명사의 추가와 전용의 전치사'는 보어의 장소에 와서 보어의 역할을 대신한다.

گروه اسمی		**جمله‌ی سه جزئی با متمم (جانشین مسند)**
نیاز ما به پول	←	**نیاز ما به پول است.**
هسته / مضاف الیه/ متمم اسم (نیاز)		

☺ 우리의 필요는 돈에 → 우리의 필요는 돈에 있다.

▶ 형용사도 추가와 같이 보어를 대신하여 사용된다. 추가가 보어와 같이 사용되는 경우보다 형용사가 보어와 같이 사용되는 경우가 보다 많다.

گروه اسمی		**جمله‌ی سه جزئی با متمم (جانشین مسند)**
مادر مهربان	←	**مادر، مهربان است .**
هسته / صفت		

☺ 친절한 어머니 → 어머니는 친절하다.

[94] **추가+전치사**의 그룹이 약간의 경우에 형용사를 대신하여 명사를 수식한다.

예

پارچه‌ای از ابریشم.	نامه‌ای از کرمان	کشورهای در حال
جانشین صفت	جانشین صفت	جانشین صفت (형용사 대신)
پرونده‌ی در دست بررسی	قضیه‌ای به این سادگی	کسی به زیبایی تو
جانشین صفت	جانشین صفت	جانشین صفت (형용사 대신)

☺ 우리의 필요는 돈에 있다.

☺ 우리의 불평은 이 부분에 위치한다.

☺ 그는 너의 아름다움과 마주 보고 있지 않다.(그는 너보다 아름답지 않다)

☺ 진리는 당신과 관계한다.(당신은 옳은 말을 했다)

예문 11: 아래의 문장들의 **동사의 통행**과 **추가의 종류**를 구분하라.

- خزر از تمام دریاچه‌های جهان بزرگتر است.
- مادرم از پدرم هم سخت‌گیرتر است.
- عاقبت نسرین به درس ریاضی علاقه‌مند شد.
- با حرف‌های شما ما به آینده امیدوار شدیم.

예문 11의 풀이

☺ 하자르는 세계의 호수보다 크다.

☺ 나의 아버지는 나의 어머니보다 엄격하다.

☺ 결국 나씨린은 수학 학습(공부)에 관심이 있게 되었다.

☺ 당신의 소리(말)와 함께 우리는 미래에 희망이 되었다.

▶ 예문 11의 문장들 안에 사용된 동사 «بودن»의 (است)와 «شدن»의 (شد، شدیم)의 의미는 '~이다'와' '~이 되다'이다. 따라서 동사의 통행은 유일하게 **보어에 통행**한다. **보어와 추가에 통행**은 아니다. 따라서 예문 11의 문장들에 사용된 **추가는 형용사의 추가**일 가능성이 높다. 왜냐하면 예문 11의 문장들은 모두 보어와 함께 세 부분의 문장으로서 보어를 갖는데, 이 문장의 보어는 모두 형용사이기 때문이다. 따라서 위의 문장의 추가가 **동사의 추가**가 아니라면 **형용사의 추가**일 가능성이 높다.

예문 11의 문장들의 형용사는 후치수식 형용사[95] (علاقه‌مند، امیدوار، شرمنده، نیازمند و…)와 비교급 형용사 (صفت‌های برتر)로 구성되어 있는데, 이것들은 **추가**를 취하는 것이 가능하다. 따라서 예문 11의 문장들의 추가는 **보어의 추가** 즉 **형용사의 추가**이다. 후치(후위) 형용사와 비교급 형용사가 보어의 장소 안에 온다면, 그것들의 추가는 그것들 전에 오는 것이 가능하다. (물론 가끔 보어 다음 **보어의 추가**가 오는 가능성도 존재한다.) 이와 같은 **보어의 추가**를 **동사의 추가**로 생각하면 안 된다.

جمله‌ی سه جزئی با مسند

- خزر از تمام دریاچه‌های جهان بزرگتر است ← خزر بزرگتر از تمام دریاچه‌های جهان است.

نهاد / متمم مسند / مسند

[95] 보통 명사 다음 오는 형용사를 후치(후위)수식 형용사라 한다. 예를 들어 좋은 책(**کتاب خوب**)에서 좋은(**خوب**)이 후치(후위) 수식 형용사이다.

جمله‌ی سه جزئی با مسند

• عاقبت نسرین به درس ریاضی علاقه‌مند شد ← عاقبت نسرین علاقه‌مند به درس ریاضی شد.

نهاد / متمم مسند / مسند

▶ 물론 가끔 이 교환은 문장을 이해하는데 적당하지 않다.

• این پیش‌نهاد دولت با استقبال مردم روبرو شد -/→ این پیش‌نهاد دولت روبرو با استقبال مردم شد.

نهاد / متمم مسند / مسند

☺ 정부의 이 제안은 사람들의 환영과 함께 승인되었다. - / → 정부의 승인 이 제안은 대항 사람들의 환영과 함께 되었다.

예문 12 : 아래 '보어와 함께 세부분의 문장들'의 주어는 어떤 형태인가?

۱- خوب شد که در آن جلسه اسمی از من نبردی.

۲- بعید نیست که آرش قرار امروزمان را فراموش کرده باشد.

예문 12의 풀이

۱번 문제 풀이

보어와 동사를 통해 주어를 찾는다. 따라서 다음과 같이 질문할 수 있다.

→ 어떤 것이 좋게 되었나?(چه چیزی خوب شد؟)

→ 대답: [این که] در آن جلسه اسمی از من نبردی

→ 따라서 (در آن جلسه اسمی از من نبردی)가 문장의 주어이다.

۲번 문장도 이와 같이 주어를 찾을 수 있다.

▶ 이와 같이 이 문장들의 주어는 종속 문장의 형태로 동사 다음에 온다.

۱- خوب شد که در آن جلسه اسمی از من نبردی.

مسند / فعل گذرا به مسند/ جمله‌ی پیرو در نقش نهاد جمله‌ی پایه (پیرو نهادی)

۲- بعید نیست که آرش قرار امروزمان را فراموش کرده باشد.

مسند / فعل گذرا به مسند/ جمله‌ی پیرو در نقش نهاد جمله‌ی پایه (پیرو نهادی)

☺ 그 모임 안에 나로부터의 이름을 가져오지 않는 것이 좋게 되었다.

☺ 어라쉬는 우리의 오늘의 약속을 잃어버릴 가망이 없다.

6) 나무 도표를 통한 보어와 함께하는 세 부분의 문장 분석

나무 도표 7: 나무의 도표를 통한 보어와 보어의 추가의 구분

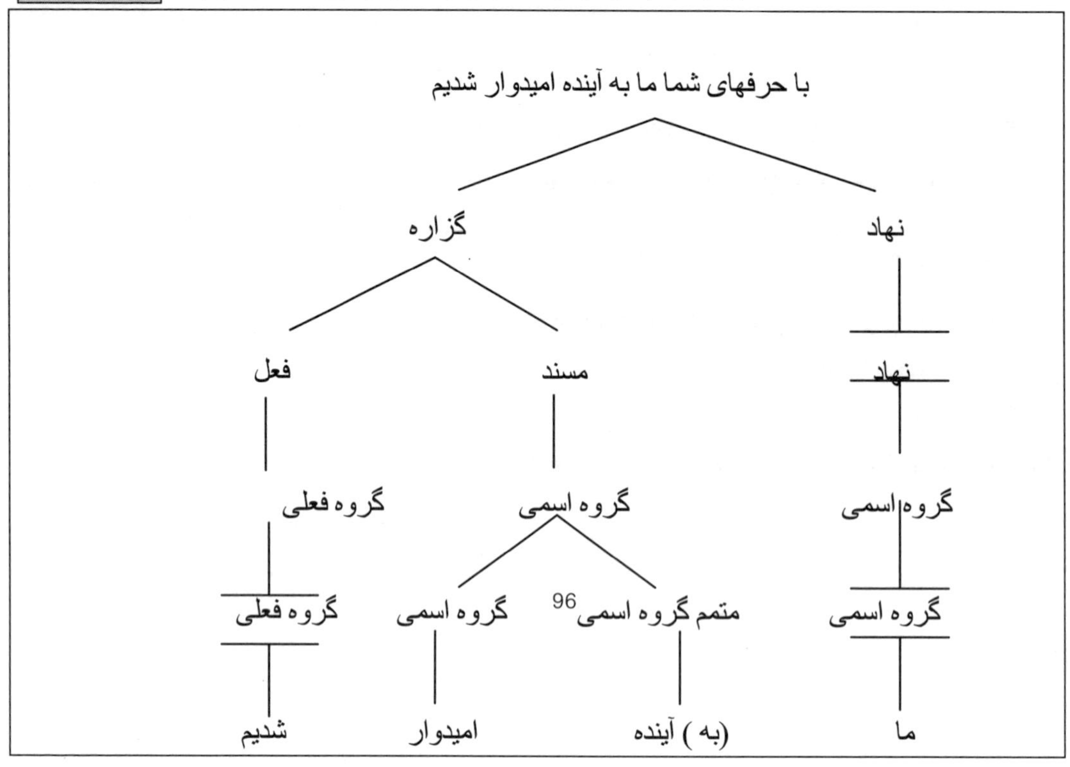

☺ 우리는 미래(에) 희망이 되었다.

◈ 연습 문제 5(تمرین)

아래 문장들 안에, 문장의 기본 요소들과 수식어를 구분하고, 동사의 통행을 식별하라.

۱- شهر شیراز به علمای خود می نازید.

۲- اسکله‌ی معروف خارک به شکل T است و اسکله‌ی T نام دارد.

۳- انجام هر واکنش شیمیایی با مبادله‌ی انرژی همراه است.

۴- ید جامد به رنگ بنفش مایل به سیاه است.

۵- تا چند دقیقه‌ی دیگر مشخص می شود که شماره‌ی برنده در قرعه کشی کدام است.

۶- او از خانه درآمد.

۷- همه‌ی مردم می خواهند که صلح شود و دوباره امنیت و آسایش در کشور برقرار گردد.

---

96 고등학교 문법에서 언제라도 형용사가 보어의 장소에 있다면, 명사로 분류한다. 바로 이 이유로 이 **형용사의 추가를 명사의 추가**로 분류한다.

۸- گرمای حاصل از سوختن چوب یا نفت از چه ناشی می شود؟
۹- خانه ات پر از گل است.
۱۰- خشک سالی به حدی نزدیک شده بود که چشم سراب پر از اشک شوق بود.

예

• هوا روشن شد.(جمله ی سه جزیی با مسند)
نهاد / مسند / فعل گذرا به مسند

☺ 날씨가 밝아졌다.: 보어와 함께하는 세 부분의 문장

3 네 부분의 문장들(جمله‌های چهار جزئی)

페르시아어 안에 '네 부분의 문장'은 네 부분의 기본 요소로 구성되는 문장들이다. 즉 주어와 동사의 기본 구조에 동사의 필요에 따라 목적어, 보어, 추가 중 두 개가 문장 안에 등록되어 네 부분으로 구성되는 문장들이다.

3-1 추가 및 목적어와 함께하는 네 부분의 문장들 (جمله‌های چهار جزئی با مفعول و متمم)

이 문장들의 동사들은 주어에 대하여 동사만으로 설명이 부족하여 **추가**와 **목적어**를 필요로 하고, 이것들과 함께 완전한 의미가 되어 주어를 설명한다. 이러한 동사를 페르시아어 문법에서는 '**추가와 목적어에 통행하는 동사**'라 한다. 따라서 문장의 구성은 '**주어+추가+목적어+동사**'가 된다.

약간의 동사들, 즉 «두려워하게 되다: ترساندن », «이해하게 되다: فهماندن », «임명하게 되다: واداشتن », «구원하게 되다: نجات دادن » و . . .등은 완벽한 문장의 의미를 만들기 위하여 **목적어**를 필요로 하고, 또한 **추가**를 필요로 한다.

1) 추가와 목적어에 통행하는 동사들의 종류(انواع فعل‌های گذرا به مفعول و متمم)

'**추가에 통행하는 동사**' 또는 '**목적어에 통행하는 동사**'들의 일부는 [97]«تکواژ«ان» 이 추가되어 '**추가와 목적어에 통행하는 동사**'로 교환된다.

(1) 목적어에 통행하는 동사 + «**تکواژ«ان**» → **추가와 목적어에 통행하는 동사**

[97] 이 주제는 '동사'에서 자세하게 다루게 될 것이다. 여기서는 추가에 통행 동사 또는 목적어에 통행 동사들의 일부에 '**تکواژ «ان»**'이 추가되면 이 동사들이 **추가와 목적어에 통행하는 동사**로 바뀐다는 것만 기억하기 바란다.

• بهرام مفهوم این بیت را فهمید ←
نهاد / مفعول / فعل گذرا به مفعول

معلّم مفهوم این بیت را به بهرام فهماند.
نهاد / مفعول / متمم فعل / فعل گذرا به مفعول و متمم

☺ 바흐럼은 이 시의 한 행의 의미를 **이해했다**. →

선생님은 이 시의 한 행 의미를 바흐럼에게 **이해시켰다**.

(2) 추가에 통행하는 동사 + **«ان»تکواژ** → 추가와 목적어에 통행하는 동사

• بهروز از رانندگی می‌ترسد ←
نهاد / متمم فعل / فعل گذرا به متمم

تصادف سال گذشته بهروز را از رانندگی ترساند.
نهاد / مفعول / متمم فعل / فعل گذرا به مفعول و متمم

☺ 베흐루즈는 운전으로부터 **두려워했다**. →

지난 해 고통 사고는 베흐루즈를 운전으로부터 **두렵게 했다**.

(3) 약간의 동사들은 **«ان»تکواژ** 없이 동사 스스로가 '추가와 목적어에 통행하는 동사'이다.

• قبولی پریسا در دانشگاه، زهرا را نیز به درس خواندن واداشت.
نهاد / مفعول / متمم فعل / فعل گذرا به مفعول و متمم

☺ 대학에 파리써의 합격은, 자흐러를 또한 공부하는 것에 붙들었다.

• توضیحات مشاور مدرسه همه‌ی ما را از سردرگمی نجات داد.
نهاد / مفعول / متمم فعل / فعل گذرا به مفعول و متمم

☺ 학교의 조언자의 충고들은 모든 우리 모두를 당혹스러운 것으로부터 자유하게 했다.

▶ 위의 문장들의 목적어는 목적어 안내 기호 **«را»**와 함께 오고, 추가는 전용의 전치사와 함께 오기 때문에 쉽게 구분할 수 있다.

2) 추가와 목적어에 통행하는 동사들(فعل‌های گذرا به مفعول و متمم)

(1) 전용 전치사(به)와 함께하는 동사((به)فعل های با حرف اصافه ی اختصاصی)

① 기본 동사(فعل‌های ساده)

آغشتن، آلودن، آموختن (در معنی «یاد دادن»)، آویختن (در معنی «آویزان کردن») ، افزودن،
افکندن[98]، بخشیدن[99] (در معنی «اهدا کردن»)، بردن (در معنی با حرف «انتقال دادن»)،

---

[98] 전치사 **«در»**가 또한 동사 '던지다(**افکندن**) '에도 사용된다.

예: ☺ [그들은] 그를 우물 안에 던졌다. • **او را در چاهی افکندند**.

[99] 오늘날 동사 **«بخشیدن»**는 **«چشم پوشی کردن از خطای کسی»**의 의미로 동사 '용서하다(**بخشودن**)' 대신에 **목적어에 통행**으로 사용된다.

پرداختن[100] (در معنی «دادن»)، پیوستن (در معنی «متصل کردن، ملحق کردن»)، چسباندن، دادن، راندن، (در معنی «با اعمال نیرو حرکت دادن، هل دادن») رساندن، سپردن، کوبیدن[101]، گفتن ،فروختن...

② 접두어 동사(فعل‌های پیشوندی)

پس دادن، فرا خواندن (در معنی «دعوت کردن»)، واداشتن

③ 복합동사(فعل‌های مرکب)

سوق دادن، نشان دادن، یاد دادن، ارسال دشتن، اعطا کردن، منتقل کردن

(2) 전용 전치사(از)와 함께하는 동사((فعل های با حرف اضافه ی اختصاصی(از))

① 기본동사(فعل‌های ساده)

آموختن (در معنی «یاد گرفتن»)، پرسیدن، ترساندن، خواستن (در معنی «طلب کردن»)، راندن (درمعنی «دور کردن»)، رنجاندن، رهاندن، زدودن، ستاندن (در معنی «گرفتن»)، خریدن، کاستن، گرفتن، ربودن، رهاندن، شنیدن

② 접두어 동사(فعل‌های پیشوندی)

پس گرفتن، فرا گرفتن، باز پس گرفتن، بازداشتن

③ 복합 동사(فعل‌های مرکب)

نجات دادن، یاد گرفتن

(3) 전용 전치사(در)와 함께하는 동사((فعل های با حرف اضافه ی اختصاصی(در))

① 기본 동사(فعل‌های ساده)

انداختن، چکاندن، گذاشتن، گنجاندن، نهادن

② 접두어 동사(فعل‌های پیشوندی)

فرو کردن

③ 복합 동사(فعل‌های مرکب)

جای دادن، قرار دادن

예: • **خدا ما را ببخشد.** • **این بار اشتباه تو را می بخشم.** (목적어와 함께하는 세 부분의 문장들)

☺ 하나님은 우리를 용서한다. ☺ [나는] 너의 이번 실수를 용서한다.

100 '착수하다(**اقدام کردن**)' 또는 (**مشغول شدن**)의 의미로 추가에 통행하는 동사이다.

101 전치사 «**بر**»와 함께 또한 같은 의미로 사용한다. 즉 다시 말해서 이 동사를 위하여, 두 개의 전치사 «**به**»와 «**بر**»가 함께 행동한다.

예: ☺ 끊임 없이 그의 주먹을 책상에 치다. • **مدام مشتش را به / بر میز می کوبید.**

(4) 전용 전치사(با)와 함께하는 동사((با)فعل های با حرف اصافه ی اختصاصی)

① 기본 동사(فعل‌های ساده)

آمیختن (در معنی «مخلوط کردن»)، سنجیدن ، اندودن

② 접두어 동사(فعل‌های پیشوندی)

در آمیختن

③ 복합 동사(فعل‌های مرکب)

اشتباه گرفتن، در میان نهادن

주의

동사«گفتن»이 언제라도 '시를 만들다, 표현하다(سرودن) و (بر زبان آوردن)'의 의미로 활용될 때, 유일하게 목적어와 함께 완전한 문장을 만드는 것이 가능하다.

예

- مادرم مدام ذکر می گفت.
- همه آفرین گفتند.
- او شعرهای زیبایی می گوید.
- همیشه باید حقیقت را گفت.

☺ **우리 어머니는 끊임없이 생각[을] 표현했다.**

☺ **모두들 칭찬[을] 표현했다.**

☺ **그는 아름다운 시들[을] 만들다.**

☺ **항상 진실을 표현했다.**

▶ **그러나 자주 동사 (سرودن) و (بر زبان آوردن)는 '회화의 표현'을 위하여 또는 '어떤 사람이 연설하는 것'을 위하여 사용될 때 추가를 필요로 한다. 회화나 연설은 대상이 있기 때문에 추가가 필요하다. 이때 이 동사 (سرودن) و (بر زبان آوردن) 는 '말하다, 노래하다'의 의미이다.**

- حقیقت را به من بگو.
  مفعول / متمم فعل
- عاقبت پدرم تصمیمش را به ما گفت.
  مفعول / متمم فعل
- پدرم دیروز گفت که در فکر خرید یک خانه است =
  پدرم دیروز [به ما] گفت که در فکر خرید یک خانه است.
  متمم فعل حذف شده پیرو مفعول
- سریع اصل ماجرا را بگو = سریع اصل ماجرا را [به ما] بگو.
  مفعول متمم فعل حذف شده

☺ 진실을 나에게 말하라.

☺ 결국 나의 아버지는 그의 결심을 우리에게 말했다.

☺ 나의 아버지는 어제 하나의 집을 사는 생각에 있는 것을 말했다. =

나의 아버지는 어제 [우리에게] 하나의 집을 사는 생각이 있는 것을 말했다.

☺ 신속하게 사건의 기본을 말하라. = 신속하게 사건의 기본을 [우리에게] 말하라.

▶ 전치사 (برای)가 전치사 (به)로 교환될 수 있는 가능성이 이 주제 안에 존재한다.

• سریع اصل ماجرا را به / برای ما بگو.

☺ 신속하게 사건의 기본을 '우리에게/를 위하여' 말하라

주의

동사 «شنیدن»은 언제라도 전치사 «از»와 함께 '들은 것의 주제' 또는 '소리의 원천이 구분되는 것'을 위하여 사용된다. 이 경우 동사 «شنیدن»은 **추가와 목적어에 통행**이고, 이것을 제외하고 **목적어에 통행**이다.

예

• صدایت را نمی شنوم. (جملهی سه جزئی با مفعول)

• هرگز از فرهاد دروغ نشنیدهام. (جملهی چهار جزئی با مفعول و متمم)

• در این باره از کسی چیزی شنیدهای؟ (جملهی چهار جزئی با مفعول و متمم)

☺ [나는] 너의 소리를 듣지 못한다. (목적어와 함께하는 세 부분의 문장)

☺ 결코 파르허드로부터 거짓말을 듣지 못했었다. (추가 및 목적어와 함께하는 네 부분의 문장)

☺ [너는] 이 번에 누구로부터 어떤 것을 들었습니까? (추가 및 목적어와 함께하는 네 부분의 문장)

«ربودن» و «دزدیدن»، «فروختن»، «خریدن»의 동사들 또한 이와 같이 사용된다.

표 15

جملهی چهار جزئی با مفعول و متمم		جملهی سه جزئی با مفعول
بیژن این خانه را از من خرید.	←	خانهتان را به چه قیمتی خریدید؟
اتومبیلم را به بیژن فروختم.	←	کی این اتومبیل قراضه را میفروشی؟
سه مرد مسلح سی میلیون تومان از این بانک دزدیدند.	←	او انگشترت را دزدیده است[102].

☺ [당신은] 당신의 집을 얼마에 샀습니까? → ☺ 비잔은 이 집을 나로부터 샀다.

☺ 누가 이 낡은 차를 팝니까? → ☺ [나는] 차를 비잔에게 팔았다.

☺ 그는 너의 반지를 훔쳤다. → ☺ 무장한 세 남자가 3천만 토먼을 이 은행으로부터 훔쳤다.

---

[102] 이 경우에, 추가는 중요하지 않거나 확실하지 않은 이유 때문에 언제라도 언급되지 않는다. 그 이유로 문장의 기본 부분으로 생각하지 않는다.

▶ 이와 같은 동사들은 하나의 동사가 여러 가지 의미를 갖는데, 하나의 다른 의미마다 사실은 새로운 하나의 동사이다. 따라서 동사의 통행도 다르다. 다른 예로 동사 « گرفتن »은 문장 안에서 다음과 같이 사용된다.

• باران گرفت (= شروع شد).　　• هوا گرفته (= ابری شده).

• مطلب را گرفتم (= دریافتم).　　• کتاب از من گرفت (= اخذ کرد).

☺ 비가 시작되었다.(=시작되다)　　☺ 흐려진 날씨(=흐려진)

☺ [나는] 주제를 이해했다. (=이해하다)

☺ [그는] 책을 나로부터 취했다.(=취하다, 받아들이다)

▶ 첫 번째 문장과 두 번째 문장은 두 부분의 문장이고, 세 번째 문장은 세 부분의 문장이고, 네 번째 문장은 네 부분의 문장이다.

주의: 동사의 추가와 명사의 추가의 구분

문장 (ما به کمک شما نیاز داریم) 은 어떤 문장의 형태인가?, '목적어와 함께하는 세 부분의 문장'인가 아니면 '보어 및 목적어와 함께하는 네 부분의 문장'인가?

위 문장은 '목적어와 함께 세 부분'으로 분류해야 한다. 위 문장을 분석하면 다음과 같다.

① 문장의 동사(فعل جمله): داریم

② 동사의 통행(گذر فعل): 목적어에 통행(گذرابه مفعل)

→ 목적어와 함께하는 세 부분의 문장(جمله ی سه جزیی با مفعل)

③ 목적어(مفعول): نیاز,

④ 주어(نهاد): ما

☺ 우리는 당신의 도움에 필요를 갖는다.

▶ 위 문장의 명사 «کمک شما»는 명사의 추가이다. 전에 말했듯이 명사 또한 추가를 갖는다. 목적어 «نیاز»는 전용의 전치사 «به»와 함께 명사의 추가 «کمک شما»를 갖는다. 위 문장에 사용된 추가는 **동사의 추가**가 아니고, **명사의 추가**이다. 따라서 이 명사의 추가는 명사의 필요에 따라 문장 안에 추가된 것으로서 문장의 기본 요소는 아니다. 그러나 만약 명사의 추가가 필요하지 않는 명사가 문장의 목적어로 온다면, 명사의 추가는 문장 안에 존재하지 않는다.

* 다른 몇 개의 예:

• مردم ایران با <u>مردم هیچ کشوری</u> دشمنی ندارند. (جملهی سه جزئی با مفعول)

متمم اسم (= متمم مفعول) ← مفعول

• شب گذشته خبرنگاران با رئیس جمهور مصاحبه کردند. (جمله‌ی سه جزئی با مفعول)

متمم اسم (= متمم مفعول) ← مفعول

• همه‌ی دانشجویان به یاد دادن این درس ابراز علاقه کردند. (جمله‌ی سه جزئی با مفعول)

متمم اسم (= متمم مفعول) ← مفعول

☺ **이란의 사람들은 어떤 나라의 사람들과 적을 갖지 않는다.(목적어와 함께하는 세 부분의 문장)**

☺ **지난 밤 기자들은 대통령과 회견을 했다.(목적어와 함께하는 세 부분의 문장)**

☺ **모든 대학생들은 이 학습들을 기억하는 것에 관심의 표명을 했다.**
(목적어와 함께하는 세 부분의 문장)

◈ 연습문제 6(تمرین)

아래 동사들의 통행을 구분하여 종류별로 박스 안에 적어라.

رنجیدن، آزردن، خوابیدن، آویختن (آویزان شدن)، آمیختن (مخلوط کردن)، آموختن، انگیختن، پذیرفتن، گرفتن، دادن، زدن، خوردن، خواندن، کردن، سپردن، خواستن (طلب کردن)، گنجاندن، گنجیدن، گذاشتن، گذشتن، بخشیدن (عفو کردن)، گماشتن، بوییدن، روییدن، وزیدن، خزیدن، کوبیدن، ماندن (شبیه بودن)، بوسیدن، پوسیدن، پژمردن، پرسیدن، افکندن، انداختن، بالیدن، (رشد کردن)، بالیدن (افتخار کردن)، پرداختن (اقدام کردن)، پرداختن (دادن)، خندیدن (متضاد گریستن)، جهیدن، نهادن، نگریستن، نازیدن، نالیدن (ناله و زاری کردن)، نالیدن (شکایت کردن)، شناختن، کندن، نوشتن، یافتن، کاستن، افزودن، کاشتن، ستودن، سرودن، سوختن، خزیدن، لرزیدن، سنجیدن، چسبیدن، رسیدن، رساندن، راندن (دور کردن)، راندن (هدایت وسیله‌ی نقلیه)، رهاندن، رهیدن، پوشیدن، توانستن، پسندیدن، گریختن، ارزیدن، برچیدن، برگشتن، برخاستن، در رفتن، دریافتن، درساختن، درآمیختن (مخلوط شدن)، درآویختن (گلاویز شدن)، نشان دادن، قرار دادن، هدر دادن، نجات دادن، دست زدن، دست انداختن، به پا داشتن، در میان نهادن، به سر رسیدن، به راه افتادن.

추가와 목적어에 통행 동사 (گذرا به مفعول و متمم)	추가에 통행 동사 (گذرا به متمم)	목적어에 통행 동사 (گذرا به مفعول)	통행하지 않는 동사 (ناگذر)

◈ 연습 문제 7(تمرین)

아래의 문장들에서 추가 및 목적어와 함께하는 네 부분의 문장들을 가려내고, 그 안에서 문장의 기본 요소들을 구별하라.

۱ - بانوی ماه گردن‌بندی از ستارگان به گردنش آویخته بود.
۲ - خودم را به دست سرنوشت سپردم.
۳ - خشک سالی دریا را به خاک می‌سپارد!
۴ - نقطه‌ی تلاقی از خطوط موازی می گریزد!
۵ - از دشمنان انتقام نگیرید؛ چون بیشتر از او به خودتان آسیب می رسانید.
۶ - دولت تمام وام‌های خود را در زمان مقرر به کشورهای خارجی پرداخته است.
۷ - دولت با یاری کارشناسان خارجی به تکمیل این طرح بزرگ ملی پرداخته است.
۸ - عوامل فرسایش به ناهمواری های پدید آمده بر سطح زمین شکل می دهند.
۹ - فرسایش در تغییر شکل ناهمواری ها دخالت می کند.
۱۰ - امروز هیئت دولت سه لایحه را به تصویب رساند.

3-2 두 개의 목적어와 함께하는 네 부분의 문장

(جمله‌های چهار جزئی با دو مفعول)

이 문장의 동사들은 두 개의 목적어와 함께 주어를 완전하게 설명한다. 따라서 문장의 구성은 '**주어+목적어+목적어+동사**'가 된다.

예

☺ 확실하게 너의 방의 벽을 색칠[을] 하라. • حتماً دیوار اتاقت را رنگ بزن.

▶ 동사 앞에 있는 명사 «رنگ»는 수식어와 함께 확장하는 것이 가능하기 때문에 이 명사는 복합 동사를 만드는 요소는 아니다. 따라서 문장의 동사는 복합 동사가 아니다. 명사 «رنگ»는 하나의 명사의 그룹으로 '목적어에 통행하는 동사'의 옆에서 목적어의 역할을 충족시키기 때문에 하나의 목적어로 봐야 한다. 뿐만 아니라 이 문장 안에 하나의 명사의 그룹 «دیوار اتاقت»에 또한 목적어의 안내 기호 «را»가 존재한다. 따라서 이 명사도 목적어이다. 이와 같은 문장들이 **두 개의 목적어와 함께하는 네 부분의 문장들**이다. 그러므로 이 문장의 동사는 복합 동사가 아니다.

두 개의 목적어로 구성된 네 부분의 문장 안에, 두 개의 목적어 중 하나는 항상 목적어 안내 기호 «را»와 함께 오고(«را»가 있는 목적어), 다른 하나의 목적어는 목적어의 안내 기호 «را» 없이(«را»가 없는 목적어 또는 무형의 목적어) 온다. «را»의 표시가 없는 목적어는 **목적어에 통행하는 동사** 옆에 와서 **두 개의 목적어와 함께하는 네 부분의 문장**을 구성하거나, **추가와 목적어에 통행하는 동사** 옆에 와서 **두 개의 목적어와 함께하는 네 부분의 문장**을 구성한다. 따라서 **추가와 목적어에 통행하는 동사**에 두 개의 목적어가 올 때 문장 안에 추가는 오지 않는다.

참고

추가 및 목적어와 함께하는 네 부분의 문장들을 구성하는 동사들 중 일부는 **두 개의 목적어와 함께하는 네 부분의 문장**을 만든다.

예

۱ - غذا را به بچه بده ← به بچه غذا بده ← بچه را غذا بده.[103]

چهار جزئی با مفعول و متمم — چهار جزئی با مفعول و متمم — چهار جزئی با دو مفعول

[103] 본 것과 같이 두 개의 목적어 (**غذا و بچه**)는 모두 다른 문장 안에서 목적어의 기호 «را»와 함께 사용된다. 이 구성으로 두 개의 단어 (**غذا و بچه**)가 모두 목적어인 것을 알 수 있다. 그러나 페르시아어 문장의 기본은, 문장 안에 두 개의 목적어가 올 때, 두 개의 목적어 모두 목적어의 안내 기호 «را»를 취하지 않는다. 따라서 하나의 목적어는 목적어 안내 기호 «را»와 함께 하고, 다른 목적어는 목적어 안내 기호 없이 동사 옆에 위치한다.

۲- <u>لباس را به بچه بپوشان</u> ← <u>به بچه لباس بپوشان</u> ← <u>بچه را لباس بپوشان</u>.

چهار جزئی با مفعول و متمم　　چهار جزئی با مفعول و متمم　　چهار جزئی با دو مفعول

۳- <u>معلم به تمام سؤال‌های ما پاسخ داد</u> ← <u>معلم تمام سؤال‌های ما را پاسخ داد</u>.

چهار جزئی با مفعول و متمم　　چهار جزئی با دو مفعول

☺ 음식을 아이들에게 주어라 → 아이들에게 음식[을] 주어라 → 아이들을 음식[을] 주어라.

☺ 옷을 아이에게 입혀라 → 아이에게 옷[을] 입혀라 → 아이를 옷[을] 입혀라

☺ 선생님은 우리의 모든 질문에 대답을 주었다. → 선생님은 우리의 모든 질문을 대답[을] 주었다.

▶ 그러나 대다수 이 문장들은 처음부터 두 개의 목적어와 함께 사용된다.

• پدرم هرگز مرا تنبیه نمی کند.
• آقاي دکتر برادرم را معاینه کرد.
• تحولات منطقه قیمت نفت را افزایش داد.

☺ 나의 아버지는 결코 나를 징벌[을] 하지 않는다.

☺ 박사는 나의 형제를 검사[를] 했다.

☺ 영토의 변화들은 석유의 가격을 증가[를] 주었다.

주의

결코 어떤 동사도 두 **개의 목적어에 통행**이라고 분류하는 것은 불가능하다. 그러나 **추가와 목적어에 통행하는 동사**들 또는 **목적어에 통행하는 동사**들 중 일부는 특별한 경우에 두 **개의 목적어와 함께하는 네 부분의 문장**을 만든다. 동사 (دادن، زدن، کردن)이 두 개의 목적어에 가장 많이 사용된다.

◈ 연습 문제 8(تمرین) ◈

아래의 문장들의 종류와 그것들의 기본 부분을 구별하라.

۱- پدربزرگم دور تا دور باغ را دیوار کشید.
۲- مژگان صورتش را آرایش کرده بود.
۳- لطفاً این نامه را برایم پست کن.
۴- حرف‌های شما دردسرهایی برای ما ایجاد کرد.
۵- ما دشمنان خود را شکست خواهیم داد.
۶- آقای دکتر پس از گرفتن شرح حال مرا معاینه کرد.
۷- پزشکان راه جدیدی را برای درمان این بیماری کشف کردند.
۸- در این هفته پزشکان حدوداً دویست بیمار را در این مرکز درمان کردند.
۹- استاد، با تسلط تمام در برابر حاضران و داوران سخنزانی خود را ایراد کرد.
۱۰- همه مرا با برادرم، فرامرز، اشتباه می گیرند.

3-3 보어 및 목적어와 함께하는 네 부분의 문장들

(جمله‌های چهار جزئی با مفعول و مسند)

이 문장의 동사들은 주어에 대하여 동사만으로는 설명이 부족하여 **보어**와 **목적어**를 필요로 하고, 이것들과 함께 완전한 의미가 되어 주어를 설명한다. 이러한 동사를 페르시아어 문법에서는 **보어와 목적어에 통행하는 동사**라 한다. 따라서 문장의 구성은 '**주어+보어+목적어+동사**'가 된다.

예: 아래 문장들을 서로 비교하라.

표 16: 보어를 필요로 하는 세 부분의 문장과 네 부분의 문장

그룹 A (چهار جزی با مفعل و مسند)	그룹 B (سه جزئی با مسند)
• مژده‌ی بهار دنیا را جوان می گرداند. ☺ 봄의 희소식이 세상을 젊게 한다.	• دنیا جوان می گردد. ☺ 세상이 젊게 되다.
• وزش باد هوای تهران را پاکیزه کرد. ☺ 바람이 부는 것은 테헤란의 공기를 깨끗하게 했다.	• هوای تهران پاکیزه شد. ☺ 테헤란의 공기가 깨끗하게 되었다.
• این دو پاره خط را موازی در نظر می گیریم. ☺ [우리는] 이 두 선을 평행으로 생각한다.	• این دو پاره خط موازی به نظر می رسد. ☺ 이 두 선은 평행으로 보인다.
• او را فرد مطمئنی می دانیم. ☺ [우리는] 그를 확실한 사람으로 확실하게 생각한다.	• او فرد مطمئنی می نماید. ☺ 그는 확실한 사람인 상태로 있다.
• او را سینا نام دادند / نامیدند. ☺ [그들은] 그를 씨나라 불렀다.	• او سینا نام دارد. ☺ 그는 씨나라 불린다.
• در این روزهای سخت، تو ما را تنها نخواهی گذاشت. ☺ 어려운 이 날들에 너는 우리를 홀로 머물게 하지 않을 것이다.	• در این روزهای سخت تنها نخواهیم ماند. ☺ [우리는] 이 어려운 날들에 홀로 머물지 않을 것이다.

표 16의 설명: 보어를 필요로 하는 세 부분의 문장과 네 부분의 문장의 비교

보어와 함께하는 세 부분의 문장에 사용된 **동사**는 보통 '**~이다, ~되다**'의 수동의 의미로 보어를 필요로 한다. 그러나 **보어 및 목적어와 함께하는 네 부분의 문장**에 사용된 **동사**는 보통 '**~하게 한다**'의 능동의 의미로 **보어와 함께 목적어**를 필요로 한다.

표 16에서 그룹 A의 문장들은 **보어 및 목적어와 함께하는 네 부분의 문장**들이다. 이 문장들의 목적어는 항상 목적어의 안내 기호 «را»와 함께 온다. **보어 및 목적어와 함께하는 네 부분의 문장**은 언제나 동사 «بودن»과 함께 **보어와 함께하는 세 부분의 문장**으로 변화하는 것이 가능하다. 즉 **보어 및 목적어와 함께하는 네 부분의 문장**의 목적어를 동사 «بودن»의 주어로 놓고, 보어는 보어로 다시 사용하면, **보어와**

함께하는 세 부분의 문장이 된다. 네 부분의 문장의 동사의 의미 또한 '~ 하게 하다'에서 '~이다'로 바뀌게 된다.

예

۱ - مژده‌ی بهار دنیا را جوان می‌گرداند. ← دنیا جوان است / خواهد بود.
۲ - وزش باد هوای تهران را پاکیزه کرد. ← هوای تهران پاکیزه است / بود.
۳ - این دو پاره خط را موازی در نظر می گیریم. ← این دو پاره خط موازی هستند.
۴ - او را فرد مطمئنی می دانیم. ← او فرد مطمئنی است.
۵ - او را سینا نام دادند. ← او سینا است.

☺ 봄의 소식은 세상을 젊게 한다. → 세상은 젊다 / 젊게 될 것이다.

☺ 바람이 부는 것은 테헤란의 공기를 깨끗하게 했다. → 테헤란의 공기는 깨끗하다.(깨끗해졌다)

☺ [우리는] 이 두 선을 평행으로 생각한다. → 이 두 선은 평행이다.

☺ [우리는] 그를 확실한 사람으로 생각한다. → 그는 확실한 사람이다.

☺ [그들은] 그를 씨너라 부른다. → 그는 씨너이다.

1) 보어와 목적어에 통행하는 동사들[104].(فعل‌های گذرا به مفعول و مسند)

(1) «گردانیدن»

① 의미: '~을 ~되게 하다' ;[to render, to make]

② 같은 의미의 통행: «گشتن» و «گردیدن»

③ 같은 의미의 동사들: «ساختن»، «نمودن»، «کردن»، «فرمودن»

(2) «پنداشتن»

① 의미: '~을 ~으로 생각하다' ;[to think, to suppose, to imagine]

② 같은 의미의 동사들: «یافتن»، «دانستن»، «دیدن»، «به شمار آوردن»، «به حساب آوردن»
«انگاشتن»، «گرفتن»، «فرض کردن»، «در نظر گرفتن»، «شناختن»، «شمردن»

(3) «نامیدن»

① 의미: '~을 ~이라 부른다' ;[to call, to name]

② 같은 의미의 동사들: «خواندن»، «گفتن»، «صداکردن/زدن»، «لقب دادن»

(4) «گذاشتن»

① 의미: '~을 ~상태로 두다.' ;[to put]

---

104 보다 자세한 동사의 설명은 이 책의 PAGE 94 을 참조하라.

참고

자주 보어에 통행하는 동사들에 «ان»이 추가되어 동사의 통행을 보어와 목적어에 통행하는 동사로 교환한다.

예

• هوا سرد گردید.
نهاد / مسند / فعل

☺ 날씨가 춥게 되었다.

▶ 이 문장은 세 부분의 문장이다. 그러나 이 문장의 동사에 «ان»을 추가하면 동사의 의미가 바뀌는 데 이 의미의 변화에 따라 동사의 통행도 바뀌게 된다. 다시 말해서 동사 '되다(گردید)'는 **보어에 통행하는 동사**이다. 그러나 이 동사에 «ان»을 추가하면 동사의 통행과 의미가 변환된다. 동사의 의미는 '되게 하다(گردانید)'가 되고, 통행은 '목적어와 보어에 통행 동사'가 된다. 그러므로 위의 문장은 동사의 변화에 따라 문장도 다음과 같이 변화해야 한다.

• باران هوا را سرد گردانید.

☺ 비는 날씨를 춥게 한다.

2) 보어와 목적어에 통행하는 동사의 숙고(بررسی فعل‌های گذرا به مفعول و مسند)

(1) گرداندن('~을 ~되게 하다' ;[to render, to make])

동사 «ساختن، نمودن، کردن»이 동사 «گرداندن»과 같은 의미로 사용될 때는 **보어와 목적어에 통행하는 동사**이다. 언제라도 보어에 통행하는 동사 «گرداندن»에 «ان»이 추가되면, 동사는 «گرداندن»이 되고, 동사의 통행은 **보어와 목적어에 통행하는 동사**가 된다.

예

• او بیمار گشت. ← کار زیاد او را بیمار گرداند.
• دنیا جوان می گردد. ← مژده‌ی بهار دنیا را جوان می گرداند.

☺ 그는 환자였다. → 많은 일이 그를 환자가 되게 하다.

☺ 세상이 젊게 되다. → 봄의 희소식은 세상을 젊게 한다.

참고

페르시아어의 표준 안에 보통 «گرداندن» 대신에, 가끔 «کردن»과 «نمودن» 또는 «ساختن»을 활용한다.

예

• شما با حرف‌های خود دوباره ما را امیدوار کردید / نمودید / ساختید / فرمودید (= گردانديد).
• این همه پشتکار و همت او را موفق می کند / می نماید / می سازد (= می گرداند).
• بهرام به تنهایی تمام حیاط را تمیز کرد / نمود (= گرداند).

☺ 당신은 당신의 소리(말)와 함께 다시 한 번 우리를 희망 되게 했다.

☺ 이 모든 노력과 야망이 그를 성공하게 한다.

☺ 바흐럼은 혼자서 모든 마당을 깨끗하게 하였다.

① ساختن

동사 «ساختن»은 '만들다(بنا كردن یا درست كردن)'의 의미에서 **목적어에 통행하는 동사**로 활용되고, 가끔 '타협하다(مدارا كردن یا سازش كردن)'의 의미에서 **추가에 통행하는 동사**로 활용된다.

예

- پرندگان لانه می سازند. (جمله‌های سه جزئی با مفعول)
- فرهاد با چوب كبريت و خمير نان كاردستی های زيبايی می سازد. (جمله‌های سه جزئی با مفعول)
- ما با دشمنان سرزمينمان نمی سازيم. (جمله‌های سه جزئی با متمم)
- او با حداقل امكانات می سازد. (جمله‌های سه جزئی با متمم)

☺ 새들은 둥지를 만들다.(목적어와 함께하는 세 부분의 문장들)

☺ 파르허드는 성냥의 나무와 빵의 반죽으로 아름다운 수공품을 만들다.
(목적어와 함께하는 세 부분의 문장)

☺ 우리는 우리 국토의 적들과 함께 타협하지 않는다.(추가와 함께하는 세 부분의 문장)

☺ 그는 최소한의 가능성으로 타협하다.(추가와 함께하는 세 부분의 문장)

▶ 그러므로, 동사 «ساختن»이 '되게 하다(كردن و گرداندن)'의 의미로 활용될 때, 유일하게 보어와 목적어에 통행하는 동사이다.

- ما را آواره‌ی كوه و بيابان ساختی (= كردی، گرداندی) ← ساختن: فعل گذرا به مفعول و مسند.

☺[너는] 우리를 산과 사막의 방랑자가 되게 했다.

② «نمودن»

동사 «نمودن»도 여러 가지 통행으로 활용된다[105]. 유일하게 '되게 하다(كردن و گرداندن)'와 같이 활용될 때는 **보어와 목적어에 통행하는 동사**가 된다.

예

- شما با اين كار خود ما را خوش حال نموديد (= كرديد، گردانديد). ← ما خوش حال هستيم.

فعل گذرا به مفعول و مسند

☺ 당신은 스스로의 이 일과 함께 우리를 즐겁게 했다.

---

[105] 이 책의 PAGE 108를 참조하라.

③ «کردن»

오늘날 페르시아어 안에 가장 많이 사용되는 동사 «کردن»은 **보어 및 목적어와 함께하는 네 부분의 문장**들의 동사로 사용되고, 더 많은 경우 다른 단어들과 함께 복합 동사가 되어 **목적어와 함께하는 세 부분의 문장**들의 동사로 사용된다.

예

۱- مردم زاهدان از رئیس جمهور استقبال کردند.

۲- استاد در تعلیم دانشجویان نقش مهمی ایفا می کند.

۳- در طول این سال‌ها به تمام عادت‌های او خو کرده‌ام.

۴- گویا مرتضی در حین رانندگی غش کرده است.

۵- جیب‌هایم از شکلات و آجیل پراست ← جیب‌هایم را از شکلات و آجیل پر کرده‌ام.

풀이

۱번 문제 풀이

ⓐ 동사(فعل): کردند

« استقبال»을 확장하는 것이 가능하기 때문에 «استقبال کردند»은 복합 동사가 아니다.

: (استقبال با شکوهی / بی نظیری و . . . کردند)

☺ 비할 데 없는 / 웅대한 접대를 …… 했다.

ⓑ 동사의 통행(گذر فعل): 목적어에 통행(گذرا به مفعول)

☺ 저헤던 사람들은 대통령으로부터(대하여) 접대를 했다.

۲번 문제 풀이

ⓐ 동사(فعل): ایفا می کند ; 복합 동사(فعل مرکب)

ⓑ 동사의 통행(گذر فعل): 목적어에 통행(گذرا به مفعول)

☺ 교수는 대학생들의 학습에 대해 중요한 역할을 완수한다.(이행한다).

۳번 문제 풀이

ⓐ 동사(فعل): خو کرده‌ام ; 복합 동사(فعل مرکب)

ⓑ 동사의 통행(گذر فعل): 추가에 통행(گذرا به متمم)

☺ [나는] 이 몇 년 동안 그의 모든 습관에 익숙하게 되었다.

۴번 문제 풀이

ⓐ 동사(فعل): غش کرده است; 복합 동사(فعل مرکب)

ⓑ 동사의 통행(گذر فعل): 통행하지 않는 동사(ناگذر)

☺ 모르테자가 운전하는 동안에 기절한 것 같다.

5번 문제 풀이

- کرده‌ام = گردانده‌ام، نموده‌ام، ساخته‌ام.
- جیب‌هایم از شکلات و آجیل پر است ← جیب‌هایم را از شکلات و آجیل پر کرده‌ام.

ⓐ **동사(فعل)**: کرده‌ام

ⓑ **동사의 통행(گذر فعل)**: **보어와 목적어에 통행**(گذرا به مفعول و مسند)

☺ **나의 호주머니들은 견과류와 초콜릿으로 가득 차다.**

→ 나의 주머니를 견과류와 초콜릿으로 가득하게 하였다.

◈ 연습 문제 9(تمرین)

아래의 문장들에 동사의 종류(단수, 복수)와 동사의 통행을 구분하라.

۱ - شعله‌های بخاری را کم کرد.
۲ - با شنیدن صدای اتومبیل همه‌ی حیوان‌ها رم کردند.
۳ - تمام چراغ‌های خانه را روشن کردم.
۴ - حافظ در برخی غزل‌های خود به رخدادهای سیاسی زمان خود نیز اشاره کرده است.
۵ - استاد موضوع انشاء را مشخص کرد.
۶ - زلزله موج‌های عظیمی را در دریا ایجاد کرده است.
۷ - من او را رئیس مدرسه کردم.

(2) پنداشتن، انگاشتن، به شمار آوردن (به حساب آوردن[106])
('~을 ~으로 **생각하다**' ;[to think, to regard])

예

۱ - او خود را بی نقص می پندارد.　☺ 그는 스스로를 완전하지 않게 생각한다.
مفعول / مسند

۲ - او دیگران را هیچ می انگارد.　☺ 그는 다른 사람들을 결코 생각하지 않는다.
مفعول / مسند

---

[106] 만약 **«به حساب آوردن»**이 '평가 하다(**ارزش قائل شدن**) 와 (**در حساب و شمارش شرکت دادن**)'의 의미로 활용된다면, '목적어에 통행'이다.

예

- **گویا ما را به حساب نمی آورید (برای ما ارزش قائل نیستید.).**
- **هنگام محاسبه ی میانگین، داده‌های بسیار متفاوت را به حساب نمی آوریم.**

☺ 명확하게 우리를 평가하지 않는다.(우리를 위한 평가는 믿지 않는다).

☺ 중간 계산할 때, 다른 많은 지불을 평가하지 말라.

۳- ما شما را دوست خود به شمار می آوریم.
مفعول / مسند

☺ 우리는 당신을 우리의 친구로 생각한다.

۴- باید این ماجرا را تمام شده به حساب آورد.
مفعول / مسند

☺ 이 사건을 끝난 것으로 생각해야만 한다.

▶ 동사 «در نظر گرفتن»، «فرض کردن»، «گرفتن»، «دانستن»، «دیدن»، «شناختن»، «یافتن»이 언제라도 «پنداشتن» 또는 «به شمار آوردن»의 의미로 활용된다면, 보어와 목적어에 통행이다.

۵- این دو خط را موازی در نظر می گیریم. (= می پنداریم)
مفعول / مسند

۶- ادعای شما را درست فرض می کنیم. (= می پنداریم / در نظر می گیریم)
مفعول / مسند

۷- حرف شما را نشنیده می گیریم. (= می پندارم / فرض می کنم)
مفعول / مسند

۸- همه تو را قهرمان واقعی می دانند. (= به شمار می آورند)
مفعول / مسند

۹- چرا همه را ضعیف می بینی؟ (= می پنداری / به شمار می‌آوری)
مفعول / مسند

۱۰- مردم این شهر او را آدم درستکاری می شناسند. (= به شمارمی آورند)
مفعول / مسند

۱۱- او را فرد قابل اعتمادی خواهی یافت. (= به شمار خواهی آورد/ در نظر خواهی گرفت)
مفعول / مسند

☺ [우리는] 이 두 선을 평행으로 생각한다.

☺ [우리는] 당신의 요구를 옳은 것으로 생각한다.

☺ [우리는] 당신의 소리를 안 들은 것으로 생각한다.

☺ 모두 너를 실제의 영웅으로 알고 있다.

☺ 왜 [너는] 모두를 약하게 생각하니?

☺ 이 도시의 사람들은 그를 정직한 사람으로 알고 있다.

☺ [너는] 그를 믿을 만한 사람으로 생각할 것이다.

주의

많은 예들 안에 동사 «می گفتند» و«می دانست»로 이루어진 문장 안에 추가 또는 목적어와 같지 않는 하나의 명사의 그룹이 온다면, 이것은 보어이다. 이외에 (بودن، شدن، گشتن و...)의 동사들도 보어를 갖는 것이 가능하다.

• باران هوا را سرد (گردانید/ کرد/ ساخت/ نمود).
مسند

• من او را عاقل (پنداشتم / دیدم/ دانستم/یافتم).
مسند
• همه او را علی (می نامیدند/ می‌خواندند/ می‌گفتند/ صدا می‌زدند).
مسند
• مردم علی را دانا (می شمارند/ به شمار می‌آورند/ به حساب می‌آورند).
مسند

☺ 비는 날씨를 춥게 했다. ☺ 나는 그를 현명하게 알고 있었다.

☺ 모두 그를 알리로 부른다. ☺ 사람들은 알리를 학자로 생각한다.

참고

동사 «اعلام کردن»، «تشخیص دادن»은 가끔 복합 동사의 모양으로 보어 및 목적어와 함께하는 네 부분의 문장을 만든다.

예

• دادگاه او را بی گناه تشخیص داد.
• وزارت بازرگانی کالابرگ شماره‌ی بیست و سه را باطل اعلام کرد.

☺ 법원은 그를 죄가 없는 것으로 식별했다.(판결했다)

☺ 상업부는 쿠폰 23번을 무익한 것으로 알렸다.(공포했다)

◈ 연습 문제 10(تمرین)

아래의 문장들에 동사의 종류(단수, 복수)와 동사의 통행을 구별하라.

۱ـ بیش از دو هزار سال، دانشمندان جهان، تحت تأثیر هیئت بطلمیوسی، زمین را مرکز عالم می دانستند.
۲ـ از دیرباز پزشکان پیش‌گیری را مؤثرتر از درمان می دانستند.
۳ـ امروزه پزشکان به کمک آزمایش‌های بالینی بسیاری از بیماری ها را تشخیص می دهند.
۴ـ پس از آزمایش‌های بسیار مریم را مبتلا به کم خونی تشخیص دادند.
۵ـ ای کاش می شد همیشه لیوان نیمه خالی را نیمه پر دید...
۶ـ سازمان حفاظت از محیط زیست این منطقه را پارک ملی اعلام کرد.
۷ـ رنگ‌های گرم و زنده‌ی به کار رفته در این فرش به آن جلوه داده است.
۸ـ این لباس سن شما را کمتر جلوه می دهد.
۹ـ فرض می کنیم که این دو زاویه با هم برابر باشد.
۱۰ـ این دو زاویه را با هم برابر فرض می کنیم.

(3) صدا زدن، خواندن، لقب دادن، نام دادن، نامیدن ('~을 ~으로 부른다' ;[to call, to name])

위의 동사들이 언제라도 «لقب دادن» يا «نامیدن»의 의미로 사용될 때 **보어 및 목적어와 함께 네 부분의 문장**을 만든다.

예

۱ - ایرانیان خود را آزاده می نامیدند.
مفعول / مسند

۲ - مردم تختی را جهان پهلوان لقب دادند.
مفعول / مسند

۳ - برادرم همیشه دوستانش را افرادي بی عرضه می خواند.
مفعول / مسند

۴ - در خانه زهره را ناهید صدا می زنند.
مفعول / مسند

☺ 이란 사람들은 스스로를 자유인이라 부른다.

☺ 사람들은 타흐티를 영웅의 세계라 불렀다.

☺ 나의 형제는 항상 그의 친구들을 무능력한 사람들로 부른다.

☺ [그들은] 조흐레를 집안에서 너히드라 부른다.

주의

동사 '부르다(صدا زدن)'와 '읽다(خواندن)'는 보다 많은 경우에 목적어에 통행하는 동사로 활용된다.

예

- این صفحه از روزنامه را بخوان.
- یکی از ترانه‌های دلکش را بخوان.
- ناهید را صدا بزن.

☺ **신문의 이 페이지를 읽어라.**

☺ **매혹적인 민속 음악 중에 하나를 불러라.**

☺ **너히드를 불러라**

(4) گذاشتن ('~을 ~상태로 두다';[to put])

예

۱ - هرگز تو را تنها نخواهم گذاشت.
مفعول/ مسند

۲ - ما را از خودت بی خبر نگذار.

مفعول / مسند

۳- لطفاً در را باز بگذار.

مفعول/ مسند

۴- چرا ما را منتظر گذاشتی؟

مفعول / مسند

۵- پدرت را دست‌تنها نگذار.

مفعول/ مسند

☺ 결코 너를 혼자인 상태로 두지 않을 것이다.

☺ 우리를 너 스스로부터 소식없는 상태로 두지 말라.

☺ 실례하지만 문을 열어놓은 상태로 두십시오.

☺ [너는] 왜 우리를 기다리는 상태로 두었니?

☺ 너의 아버지를 혼자인 상태로 두지 말라.

*** 보어 및 추가와 함께하는 네 부분의 문장들**(جمله‌های چهار جزئی با متمم و مسند)

언제라도 동사 «گفتن»이 '부르다 «صدا زدن» و «نامیدن»'의 의미로 활용된다면, 보통 목적어 대신에 추가를 원하고, **보어 및 추가와 함께 네 부분의 문장**을 만든다. 동사 «لقب دادن» 또한 가끔 목적어 대신에 추가와 함께 하고, **보어 및 추가와 함께 네 부분의 문장**을 만든다.[107]

예: 아래의 문장들을 서로 비교하라.

- اهل محل او را پهلوان می خوانند / صدا می زنند ← اهل محل به او پهلوان می گویند.
- او را پهلوان لقب دادند ← به او پهلوان لقب دادند.

☺ 이웃 사람들은 그를 영웅이라 부르다. → 이웃 사람들은 그에게 영웅이라 부르다.

☺ [그들은] 그를 영웅이라 불렀다. → [그들은] 그에게 영웅이라 불렀다.

*** 보어 및 추가, 목적어와 함께하는 다섯 부분의 문장들**

(جمله‌های پنج جزئی با مفعول، متمم و مسند)

동사 «نشان دادن» و «وانمود کردن»، «معرفی کردن»가 언제라도 '~인 척하다(وانمود کردن)의 의미로 사용된다면, **보어 및 추가, 목적어와 함께 다섯 부분의 문장**을 만든다.

예

- آنها خود را به ما بازرس وزارت کار معرفی کردند.

نهاد / مفعول / متمم فعل / مسند

- ما باید خود را به آنها بی خبر از قضیه وانمود کنیم / نشان دهیم.

---

[107] 가끔 동사 «لقب دادن»은 보어 및 목적어와 함께하는 네 부분의 문장을 만든다.

예 ☺ 사람들은 이곳을 테헤란의 지붕이라 부른다.

- مردم این جا را بام تهران می گویند.

نهاد / مفعول / متمم فعل / مسند

• آنها خود را به همه خیرخواه نشان می دادند.

نهاد / مفعول / متمم فعل / مسند

☺ 그들은 스스로를 우리에게 노동부 검사관인 척하다.

☺ 우리는 스스로를 그들에게 사건으로부터 소식이 없는 척해야 한다.

☺ 그들은 스스로를 모두에게 자비로운 척하다.

◈ 연습 문제 11(تمرین)

아래의 문장들에 보어를 갖는 문장들, 즉 **보어 및 추가와 함께하는 네 부분**과 **보어 및 목적어와 함께하는 네 부분**, **보어와 함께하는 세 부분**을 찾고, 문장의 기본 요소들을 구별하라.

۱ - اگر مقصد من جنگل باشد، ماشینم را از غذا پرمی کنم.

۲ - زبان شناسان زبان را یک نظام می دانند.

۳ - سگی که با صاحبش قهر است، صدای پای دزد را نشنیده می گیرد!

۴ - گربه آرزو دارد که فاصله‌ی بین گام‌هایش را موش پرکند!

۵ - مسافران صدای پایشان را در اتوبوس محبوس می کنند.

۶ - خطوط موازی احساس تنهایی می کنند!

۷ - پدر علی از راه رسید.

۸ - در فاصله‌ی بین سکوت قطرات باران به صدای گام‌های شب‌گرد گوش می کنم.

۹ - گرسنگی موجودات را از زندگی سیر می سازد!

۱۰ - اگر آیینه نبود همیشه خود را جوان می دانستم.

III 문장의 기타 부분들(جمله های متفاوت با جمله های معمولی)

1 하나의 단어 또는 동사의 여러 가지 의미

(معانی گوناگون برای یک کلمه ویا فعل)

1) 하나의 단어의 여러 가지 의미(معانی گوناگون برای یک کلمه)

몇몇 단어들은 같은 모양의 단어 안에 여러 가지 의미와 함께 다른 품사를 갖는다.

예

- تلفن زنگ می زند.
- زنگ آهن قهوه‌ای رنگ است.
- امروز زنگ اول، فیزیک داریم.

☺ 전화가 울리다.
☺ 녹슨 철(쇠의 녹)은 갈색이다.
☺ [우리는] 오늘 첫 수업은, 물리학을 갖는다.

▶ 위의 세 문장의 단어 «زنگ»는 모양은 같으나 서로 다른 의미로 사용되었기 때문에 서로 다른 단어와 같다. 이 의미의 차이가 가끔은 품사의 차이를 갖기도 한다. 첫 번째 문장은 단순 동사와 함께 복합동사를 만드는 단어로 사용되었고, 두 번째와 세 번째 문장은 명사로 사용되었다.

또한 아래의 세 문장 가운데 «تار»는 첫 번째 문장과 두 번째에서는 **명사**이고, 세 번째 문장에서는 '**부사/형용사**'이다.

- استاد لطفی بسیار زیبا و مسلط تار می زند.
- اغلب عنکبوت‌ها تار می تنند.
- چند دقیقه همه جا را تار می دیدم.

☺ 로트피 교수는 보다 정통하고(뛰어나고) 아름답게 터르를 연주한다.
☺ 종종 거미들은 실을 짠다.
☺ [나는] 몇 분 동안 모든 장소를 어둡게 보았다.

2) 하나의 동사의 여러 가지 의미(معانی گوناگون برای یک فعل)

전에 말한 것과 같이 자주 페르시아어 동사들은 두 개 혹은 그 이상 여러 가지의 의미를 갖는다.

예: 여러 가지 의미로 사용되는 동사 «رفتن»은 다음과 같은 의미들을 갖는다.

① 의미: 떠나다(ترک کردن، دور شدن) ;[to go, to leave, go away]

- او از این جا رفت.

☺ 그는 이곳으로부터 떠났다.

② 의미: 출발하다(حرکت کردن) ;[to start, to leave, to set out]

☺ 나는 출발했었다. 그들은 나의 뒤에 왔었다. • من می رفتم و آن‌ها پشت سرم می آمدند.

③ 의미: 찌르다(들어오다)(وارد شدن، خلیدن) ;[to prick, to enter]

☺ 가시 덤불이 나의 손에 찔렸다(들어왔다). • خاری به دستم رفت.

④ 의미: 해어지다(ساییده شدن) ;[to fray]

☺ 나의 구두 바닥이 해어졌다. • تخت کفشم رفت.

⑤ 의미: 절단되다(قطع شدن) ;[to cut]

• موقع کار با دستگاه دو تا از انگشت‌هایش رفت.

☺ 기계와 함께 일할 때 그의 손가락 중에 두 개가 절단되었다.

⑥ 의미: 가로지르다, 횡단하다(طی کردن)[to traverse]

☺ 그는 자신의 길을 횡단했다. • او راه خودش را می رفت.

▶ 이와 같이 동사는 같은 모양으로 여러 가지 의미를 갖는데 각 의미마다 독립된 다른 동사로 생각해야 한다.

주의

동사의 의미 변화가 항상 '동사의 통행'의 변화와 함께하는 것은 아니다. 몇몇 동사들은 10개 이상의 의미를 갖는다. 그러나 동사의 통행의 종류는 10개가 안 된다. 따라서 논리적으로 같은 모양 안에 의미가 다른 동사들 중 몇 개는 동일한 동사의 통행이 있어야 할 것이다. 예를 들어, 위 문장들에서 동사 «رفتن»의 세 번째 의미는 추가에 통행하는 동사, 여섯 번째 의미는 목적어에 통행하는 동사 그리고 그 밖의 의미들은 통행하지 않는 동사이다.

(1) 여러 가지 의미로 사용되는 동사들의 예(مثال برای فعل های دارای معانی گوناگون)

① باختن

ⓐ 의미: 잃다, 놓치다(از دست دادن) ;[to lose, to be forfeited]

→ 동사의 통행(گذر فعل): 목적어에 통행(گذرا به مفعول)

☺[그는] 그의 모든 재산을 잃었다. • تمام اموالش را باخت.

ⓑ 의미: 실패하다, 패배하다(شکست خوردن) ;[to fail, to lose]

→ 동사의 통행(گذر فعل): 추가와 목적어에 통행(گذرا به مفعول و متمم)

☺ 전반전을 그들에게 패배했다. • نیمه‌ی اول را به آن‌ها باختیم.[108]

② تاختن

ⓐ 의미: 역주하다(به سرعت دویدن) ;[to sprint]

---

[108] 만약 이 목적어가 **경기**라는 의미라면, 목적어를 생략하는 것이 가능하다.

예 ☺ [우리는] [경기를] 그들에게 패했다. • [مسابقه را] به آن‌ها باختیم.

→ 동사의 통행(گذر فعل): 통행하지 않는 동사(ناگذر)

☺ 말이 역주하고 있다. • اسب دارد می تازد.

ⓑ 의미: 역주시키다. (به سرعت راندن چهارپا) ;[to be sprinted]

→ 동사의 통행(گذر فعل): 목적어에 통행(گذرا به مفعول)

☺ 그는 말을 질주시킨다. • او اسب می تازد.

ⓒ 의미: ~에 공격하다(حمله ور شدن، یورش بردن) ;[to make an attack on someone]

→ 동사의 통행(گذر فعل): 추가에 통행(گذرا به متمم)

☺ 적들에 침투하라! • بر / به دشمنان بتازید!

③ خواستن

ⓐ 의미: 필요하다(لازم بودن) ;[to be necessary, to be in need]

→ 동사의 통행(گذر فعل): 통행하지 않는 동사(ناگذر)

☺ [너가] 나로부터 용서를 비는 것은 필요하지 않다. • نمی خواهد از من عذرخواهی کنی

ⓑ 의미: ~을 필요로 하다(لازم داشتن) ;[to need]

→ 동사의 통행(گذر فعل): 목적어에 통행(گذرا به مفعول)

☺ 아이는 주의를 필요로 한다. • بچه مراقبت می خواهد.

ⓒ 의미: 결심하다(قصد داشتن، تمایل داشتن) ;[to decide]

→ 동사의 통행(گذر فعل): 목적어에 통행(گذرا به مفعول)

☺ [우리는] 이 도시로부터 가는 것을 결심한다. • می خواهیم از این شهر برویم.

☺ [그는] 오는 것을 결심하지 않았다. • نمی خواست بیاید[109].

ⓓ 의미: 흥미가 있다. 좋아하다(علاقه داشتن) ;[to like]

→ 동사의 통행(گذر فعل): 목적어에 통행(گذرا به مفعول)

☺ [나는] 이 신발을 좋아하지 않는다. • این کفش را نمی خواهم.

☺ 그들은 서로를 좋아한다. • آن‌ها همدیگر را می خواهند.

ⓔ 의미: 요구하다, 청구하다(تقاضا و طلب کردن) ;[to demand, to require, to claim]

→ 동사의 통행(گذر فعل): 목적어에 통행(گذرا به مفعول)

• خدایا حاجتم را فقط از تو می خواهم.

☺ 하나님이여, [나는] 당신으로부터 유일하게 나의 요구를 원합니다.

④ دویدن

ⓐ 의미: 뛰다, 달리다(به سرعت حرکت کردن) ;[to run]

→ 동사의 통행(گذر فعل): 통행하지 않는 동사(ناگذر)

☺[나는] 하루 한 시간 뛴다. • روزی یک ساعت می دوم.

---

[109] 동사 «خواستن»는 '결심하다'라는 의미로 사용될 때 목적어가 종속의 목적어(종속절)의 모양으로 온다.

ⓑ 의미: 서두르다(عجله کردن) ;[to hasten, to hurry]

→ 동사의 통행(گذر فعل): 통행하지 않는 동사(ناگذر)

- بدو، دیر شد.

☺ 서둘러라, 늦었다.

ⓒ 의미: 절단하다(به سرعت طی کردن) ;[to cut]

→ 동사의 통행(گذر فعل): 목적어에 통행(گذرا به مفعول)

- بهتر است این قسمت از مسیر را بدویم.

☺ 과정으로부터 이 부분을 자르는 것이 보다 좋다.

⑤ راندن

ⓐ 의미: 운전하다(هدایت وسیله‌ی نقلیه) ;[to drive]

→ 동사의 통행(گذر فعل): 목적어에 통행(گذرا به مفعول)

- علی گاری می راند.

☺ 알리가 짐차를 운전하다.

ⓑ 의미: 질주시키다.(به حرکت واداشتن چهارپا)[to ride]

→ 동사의 통행(گذر فعل): 목적어에 통행(گذرا به مفعول)

- او اسب می راند.

☺ 그는 말을 타다.

ⓒ 의미: 멀리하다(دور کردن) ;[to banish]

→ 동사의 통행(گذر فعل): 추가와 목적어에 통행(گذرا به مفعول و متمم)

- دشمنان را از مرز و بوم خود خواهیم راند.

☺ [우리는] 적들을 스스로의 경계와 영토로부터 멀리할 것이다.

ⓓ 의미: 이끌다(سوق دادن)[to lead]

→ 동사의 통행(گذر فعل): 추가와 목적어에 통행(گذرا به مفعول و متمم)

- آن‌ها ما را به این سمت راندند.

☺ 그들은 우리를 이 방향에 이끌었다.

⑥ مالیدن

ⓐ 의미: 마사지하다. (مالش دادن) ;[to knead or massage]

→ 동사의 통행(گذر فعل): 통행하지 않는 동사(گذرا به مفعول)

- پایم را بمال.

☺ 나의 발을 마사지해라.

- پایم درد می کرد مالش دادم کمی بهتر شد.

☺ 나의 발이 아팠다. 마사지를 했다. 조금 나아졌다.

ⓑ 의미: 충돌하다, 부딪치다.(ساییدن، برخورد کردن) ;[to encounter or come in cotact with something]

→ 동사의 통행(گذر فعل): 추가에 통행(گذرا به متمم)

- سپر ماشین به دیوار مالید

☺ 자동차의 범퍼가 벽에 충돌했다.

ⓒ 의미: 젖다, 스미다(آغشتن) ;[to moisten]

→ 동사의 통행(گذر فعل): 추가와 목적어에 통행(گذرا به مفعول و متمم)

☺ 너의 손에 크림을 적셔라(스미다). • به دستت کرم بمال.

⑦ نمودن

ⓐ 의미: 수행하다, 이행하다(کردن، انجام دادن) ;[to do, to accomplish]

→ 동사의 통행(گذر فعل): 목적어에 통행(گذرا به مفعول)

☺ 그는 나에게 많은 도움을 수행했다. • او به من کمکهای بسیاری نمود.

ⓑ 의미: ~으로(하게) 보인다. ~으로 생각한다. (به نظر رسیدن) ;[to think]

→ 동사의 통행(گذر فعل): 보어에 통행(گذرا به مسند)

☺ 이 생각은 옳지 않은 것으로 생각한다. • این فرض درست نمی نماید.

ⓒ 의미: 되게 하다. (گرداندن) ;[to render, to make]

→ 동사의 통행(گذر فعل): 보어와 목적어에 통행(گذرا به مفعول و مسند)

• بیایید دل‌هایمان را از غبارکدورت‌ها پاک نماییم.

☺ 오시오, 우리의 마음을 어둠의 안개로부터 깨끗하게 하기 위해

ⓓ 의미: 보여주다(نشان دادن)[to show]

→ 동사의 통행(گذر فعل): 추가와 목적어에 통행(گذرا به مفعول و متمم)

☺ 그는 삶의 옳은 길을 우리에게 보이다. • او راه درست زندگی را به ما می نماید

ⓔ 의미: ~인 체하다, 가장하다 (وانمود کردن) ; [to feign, to pretend]

→ 동사의 통행(گذر فعل): 보어와 추가, 목적어에 통행(گذرا به مفعول، متمم و مسند)

☺ 스스로를 사람들에게, 경건한 척하다. • خود را به مردم، پارسا می نماید.

⑧ ماندن

ⓐ 의미: 남다(باقی ماندن، بر جای ماندن) ;[to remain]

→ 동사의 통행(گذر فعل): 통행이 없는(ناگذر)

☺ 돈이 나를 위해 남다. • پولی برایم نمانده است.

ⓑ 의미: 거주하다, 머무르다(اقامت کردن) ;[to dwell, to reside, to stay]

→ 동사의 통행(گذر فعل): 추가에 통행(گذرا به متمم)

☺ 며칠 동안 이 도시에 머물러라! • چند روز در این شهر بمان!

ⓒ 의미: 닮다(مانند بودن) ;[to be like, to resemble]

→ 동사의 통행(گذر فعل): 추가에 통행(گذرا به متمم)

☺ 얼마나 그의 아버지와 닮았는가! • چقدر به پدرش می ماند.

ⓓ 의미: ~이 되다(بودن در حالتی) ;[to become]

→ 동사의 통행(گذر فعل): 보어에 통행(گذرا به مسند)

☺ [나는] 유일하게 손이 되었다. (의역: [나는] 혼자 되었다.) • دست تنها ماندم.

⑨ نشان دادن

ⓐ 의미: 보인다, 보여주다(در معرض دید قرار دادن، آشکار کردن) ; [to reveal, to show]

→ 동사의 통행(گذر فعل): 추가와 목적어에 통행(گذرا به مفعول و متمم)

• علی مدالش را به ما نشان داد.

☺ 알리는 그의 훈장을 우리에게 보여주었다.

ⓑ 의미: ~을 ~하게 보인다(جلوه دادن) ; [to display]

→ 동사의 통행(گذر فعل): 보어와 목적어에 통행(گذرا به مفعول و مسند)

• لباس شما را جوان‌تر نشان می دهد

☺ 이 옷이 당신을 보다 젊게 보이게 한다.

ⓒ 의미: ~인 체하다, 가장하다(وانمود کردن) ; [to feign, to pretend]

→ 동사의 통행(گذر فعل): 보어 및 추가, 목적어에 통행

(گذرا به مفعول، متمم و مسند)

• او خودش را به ما بی خبر از قضیه نشان داد. (گذرا به مفعول، متمم و مسند)

☺ 그는 자신을 우리에게 문제로부터 소식이 없는 체했다.(보어및 추가, 목적어에 통행)

• وانمود کرد که نا خوش است. (گذرا به مسند)

☺ [그는] 즐겁지 않은 것처럼 가장하다.(보어에 통행)

• وانمود کرد که مرا نمی شناسد. (گذرا به مسند)

☺ [그는] 나를 모르는 것처럼 하다.(보어에 통행)

2 하나의 동사의 다른 통행들(گذرهای متفاوت یک فعل)

약간의 동사들은 같은 의미 안에 형태의 변화를 갖지 않고, 서로 다른 두 개의 통행을 갖는다.[110]

예: 두 개의 통행을 갖는 동사들[111]

• آیینه شکست – خواهرم آیینه را شکست ؛ دستم برید – چاقو دستم را برید.

ناگذر   گذرا به مفعول   ناگذر   گذرا به مفعول

☺ 거울이 깨졌다. - 나의 누나는 거울을 깨뜨렸다. ; 나의 손이 잘렸다. - 칼은 나의 손을 잘렸다.

• پوست پایم شکافت – دکتر جراح، پوست پایم را شکافت.

ناگذر   گذرا به مفعول

☺ 나의 발의 피부가 찢어졌다. - 외과 의사는 나의 발의 피부를 찢었다.

---

[110] 이 책의 PAGE 95의 '2) **하나의 동사의 여러 가지 의미**'에서는 같은 동사의 의미 변화에 따라 동사의 통행이 변화했지만, 지금은 같은 뜻 안에서 다른 통행을 갖는 동사들이다.

[111] 몇몇 동사들은 의미의 변화 없이 통행하지 않는 동사와 목적어에 통행하는 동사로 사용된다. 즉 동사가 하나의 의미 안에 두 가지(통행하지 않는 동사, 목적어에 통행하는 동사)의 통행을 갖는다.

▶ 위의 동사들은 **통행이 없는** 동사와 **목적어에 통행하는 동사**가 같은 모양에서 나오는데 의미 또한 비슷한 의미이다.

예: 하나의 동사가 같은 의미 안에서 다양한 통행을 갖는 동사들의 문장

• **آویختن:** او به شاخه‌ی درخت آویخت - راهزنان او را به شاخه‌ی درخت آویختند.
متمم اجباری / گذرا به متمم   مفعول / متمم اجباری / گذرا به مفعول و متمم
☺ 그는 나무의 가지에 매달렸다. - 도적들은 그를 나무의 가지에 매달았다.

• **در آمیختن:** در وجود او عشق با نفرت در آمیخته است -
متمم   گذرا به متمم
او در وجود خود عشق را با نفرت در آمیخته است.
مفعول/ متمم فعل / گذرا به مفعول و متمم
☺ 그의 존재 안에 사랑이 미움으로 보여졌다. - 그는 자신의 존재 안에 사랑을 미움으로 보여주었다.

• **گفتن:** به شما زمامدار می گویند – شما را زمامدار می گویند.
متمم فعل / مسند / گذرا به متمم و مسند   مفعول / مسند / گذرا به مفعول و مسند
☺ [그들은] 당신에게 통치자라 말한다. - [그들은] 당신을 통치자라 말한다.

• **نگاه کردن:** به این نگاه کن – این را نگاه کن.
متمم / گذرا به متمم   مفعول / گذرا به مفعول
☺ 이것에 보라. - 이것을 보라.

• **گوش کردن:** به این ترانه گوش کن – این ترانه را گوش کن.
متمم فعل / گذرا به متمم   مفعول / گذرا به مفعول
☺ 이 민속 음악에 경청하라. - 이 민속 음악을 경청하라.

• **لقب دادن:** به او شیر لقب دادند – او را شیر لقب دادند.
متمم فعل / مسند / گذرا به متمم و مسند   مفعول/ مسند/ گذرا به مفعول
☺ [그들은] 그에게 사자라 불렀다. - [그들은] 그를 사자라 불렀다.

• **شروع کردن:** پدرم شروع کرد به خندیدن – خودش دعوا را شروع کرد.
گذرا به متمم / متمم فعل   مفعول / گذرا به مفعول
☺ 나의 아들은 웃는 것에 시작했다. - 스스로가 초대를 시작했다.

• **زندگی کردن / زیستن:** او سال‌ها در این‌جا زندگی کرد / زیست –
متمم اجباري / گذرا به متمم
او سال‌های آخر عمرش را در این جا زندگی کرد / زیست.
مفعول / متمم اجباری / گذرا به مفعول و متمم

☺ 그는 몇 년 이곳에서 <u>살았다</u>. - 그는 그의 삶의 마지막 몇 년을 이곳에서 <u>살았다</u>.

◈ 연습 문제 12(تمرین)

아래 문장들의 기본 요소들을 구분하라.

۱- انسان‌های موفق همیشه رویاهای بزرگ در ذهن می پرورانند.
۲- اندیشه‌های امروز ما سرنوشت فردای ما را رقم می زند.
۳- برای ایجاد تغییرات مثبت در زندگی از قدرت اندیشه و ذهن کمک می گیریم.
۴- ایرانیان قدیم به آداب و رسوم، سنت‌ها و داستان‌های باستانی خود علاقه می ورزیدند.
۵- از نگاه بلبل تنها یک گل از گل‌های گلستان، زیبا و دل فریب می نماید.
۶- تمجید و تشویق، چرخ‌های ماشین زندگی را روغن می زند.
۷- انسان کینه توز همیشه زخم‌های روح خود را تازه می گذارد.
۸- همه‌ی کارهای انسان برای رسیدن به لذت یا رها شدن از رنج است.
۹- با پشتکار و شکیبایی، برگ درخت توت تبدیل به جامه‌ای ابریشمی می شود.
۱۰- داستان‌های شاهنامه با به تخت نشستن کیومرث شروع می شود.

3 예외의 문장들(جمله‌های استثنایی)

지금까지 학습한 일반적인 문장의 형식은 아래와 같은 조건들을 만족시킨다.

(1) 문장은 주부와 술부의 두 부분의 구역을 갖는다.
(2) 동사는 술어의 핵심이고, 주어 외에 문장의 기본 요소를 결정한다.
(3) 주어와 동사의 인칭어미는 보통 수와 인칭의 관점으로부터 일치한다.

그러나 다수의 페르시아어 문장들 가운데, 가끔 몇몇 문장들은 위의 조건들과 일치하지 않는다. 이 세 가지 특징으로부터 하나, 둘 또는 어느 것도 일치하지 않는 문장들이 있다. 이와 같은 약간의 문장들을 **예외의 문장**들이라 부른다. 예외의 문장들을 두 종류의 그룹으로 나눌 수 있다.

① 주어가 없는 문장들
② 동사가 없는 문장들

3-1 주어가 없는 문장들(جمله‌های استثنایی بی نهاد)

주어가 없는 문장들은 동사만으로 문장이 구성된다. 따라서 이 종류의 문장들은 의무적인 주어를 취하지 않는다.

이 문장들의 동사는 일반 동사와 다르게 항상 '3인칭 단수 인칭어미 (ـَد / Ø)'와 함께 구성되고, 문장 안에서 '**도움의 동사 역할(조동사)**'을 한다.

주어가 없는 문장의 동사가 조동사의 역할을 감당하기 때문에 문장 안에는 다른 동사 즉 기본 동사가 존재한다. 이 기본 동사는 조동사와 다른 종류의 동사로서 부정사 (رفتن)에서 어미 (ـَن)를 생략한 동사의 과거 시제의 어근 (رفت)[112] 만이 오고, 인칭어미는 오지 않는다. 인칭어미가 없기 때문에 주어도 오지 않고[113], 주어의 자리 또한 없다.[114]

그러므로 주어가 없는 문장의 형식은 다음과 같이 된다.

: **어미(ـَن)를 생략한 부정사의 기본 동사 과거 시제 + 3인칭 단수 인칭어미 + 조동사**

(رفت + (ـَد / Ø) + باید = باید رفت)

이러한 **조동사**들을 또한 '**인칭을 제외한 동사에 관련된 도움의 동사**'라고도 한다. 지금까지의 설명을 표16과 같이 정리할 수 있다.

---

112 여기에서 동사 (**رفت**)은 하나의 예이다. 모든 동사가 주어가 없는 문장에서 사용될 때 동사 (رفت)처럼 사용될 수 있다.

113 주어가 없는 문장들은 확실하게 생각의 관점으로부터 '주어'를 갖는다. 예를 들어 만약 당신이 친구에게 '지금 움직여라(이자)(حالا باید حرکت کرد).'라고 말한다면, 이 명령은, 당신과 친구를 포함하게 된다. 따라서 문장에서 기억될 수 있는 주어는 '우리'이다. 다른 예로 당신 친구들의 집합 안에 이 문장을 말한다면, 이 명령은, 당신과 그의 모든 친구를 포함한다. 또한 군대의 지휘관이 이것을 말한다면, 그의 명령은 지금 그와 그의 모든 군대를 포함한다. 그러므로 인칭이 없는 동사들은 생각의 관점으로부터 일반의 주어를 갖는다.

114 비록 약간의 쓰는 법이, 이 문장들을 아래와 같이 설명한다 할지라도:

• **باید این مانع‌ها را پشت سر گذاشت = پشت سر گذاشتن این مانع‌ها باید. (= لازم است).**

☺ 이 장애물들을 치우는 것이 필요하다 = 이 장애물들을 치우는 것이 필요하다.(=필요하다)

▶ 이러한 문장은 아래와 같이 구성할 수 있다.

• **پشت سر گذاشتن این مانع‌ها باید .**

نهاد **گزاره**

• **باید او را تشویق کرد = تشویق کرد او باید. (= لازم است).**

نهاد **گزاره**

☺ 그를 격려하는 것이 필요하다 = 그를 격려하는 것이 필요하다.(필요하다)

표 16

기본 동사의(과거시제 어근) 짧은 부정사 (مصدر کوتاه (بن ماضی) فعل اصلی)	+	인칭을 제외한 동사에 연결된 도움의 동사 (فعل کمکی مربوط به افعال غیر شخصی)
رفت (= رفتن)	+	باید
گفت (=گفتن)	+	نمی شود
دید (= دیدن)	+	می توان

표16 설명

기본 동사에 인칭어미가 없으므로 위의 문장들은 주어도 없다. 그러나 주어 없이도 문장이 구성되고, 의미는 부족함이 없다. 위 예문에서 동사 (**باید**)는 주어가 없는 문장의 동사로서 '3인칭 단수 인칭어미 (د ِ / Ø)'와 함께 제작되었고, 동사 (**رفت**)은 동사 (**باید**)와 함께 사용된 기본 동사이다. 다른 문장들도 이와 같다.

주의

주어가 없는 문장에서 기본 동사는 인칭어미가 없으므로 다음과 같이 주어를 추가할 수 없다.

• باید رفت -/→ من باید رفت، تو باید رفت، او باید رفت، حسن باید رفت و . . . .

☺ **가야만 했다 -/→ 나는 가야만 했다, 너는 가야만 했다, 그는 가야만 했다, 하싼은 가야만 했다.**

1) 주어가 없는 문장에 사용되는 동사들(فعل کاربردی در جمله‌های استثنایی بی نهاد)

주어가 없는 문장 안에 사용되는 동사들은 **현재 시제, 현재 가능형 시제, 과거 진행형 시제**에서만 사용된다. 물론 이 시제들에 대한 부정형도 사용 가능하다. 현재 가능형 시제는 가능형을 만드는 요소들(예: کاش, شاید) 중 하나와 함께 만들어질 수 있다.

(1) بایستن

① 현재 시제 (باید - نباید، می باید – نمی باید[115]); 의미: **해라(하자), 하지 마라(하지 말자).**
동사(بایستن)의 현재 시제는 '**명령형**'으로 사용된다.

---

[115] 드물게 «باید- نباید»대신에 « بایست- نبایست، می بایست- نمی بایست »가 인칭을 제외한 동사의 제작 안에 조동사로 사용된다.

예

• بایست رفت. • نمی بایست این حرف‌ها را بر زبان آورد.

☺ 가자 ☺ 이 말들을 언급하지 말자(말라)

▶ 그러나 이 동사들의 기본 활용은, 과거에는 인칭의 동사들과 함께 사용되었다.

• <u>بایست</u> می رفتم. • <u>نمی بایست</u> این حرف را می زدی.

<u>م.ا(1인칭 단수)</u> <u>م.۲(2인칭 단수)</u>

☺ [나는] 가자 ☺ [너는] 이 말들을 언급하지 말자(말라).

• این کار را می با یست انجام داد.
• باید طرحی نو در انداخت.
• نباید واقعیت‌ها را نادیده گرفت.
• باید صادقانه تلاش کرد = می باید صادقانه تلاش کرد = می بایست صادقانه تلاش کرد
= بایستی صادقانه تلاش کرد = می بایستی صادقانه تلاش کرد.
• باید حرف‌های او را شنید.
• باید به آن‌ها آرامش خاطر داد.
• بی درنگ باید رفت.

☺ 이 일을 수행하라(하자).

☺ 새로운 계획을 만들어라(만들자).

☺ 진실을 눈감는 것을 하지 말라(하지 말자).

☺ 정직하게 노력해라(하자).

☺ 그의 소리를 들어라(듣자).

☺ 그들에게 마음의 안식을 주어라(주자).

☺ 즉각(중지함 없이) 가야만 한다.

▶ 동사 (بایستن)은 가능형 시제와 과거 진행형 시제로는 사용하지 않는다.

참고: 아래의 예문을 비교하라

• باید رفت.
• من باید بروم.

☺ 가야만 했다. ☺ 나는 가야만 한다.

▶ 위 두 예문은 모두 가능형으로 사용 될 수 있다. 그러나 첫 번째 예문은 주어가 없는 문장으로 약간의 명령형의 성격 또한 갖는다. 이 명령은 말하는 자와 듣는 자가 함께 포함된 것을 나타낸다. 이 문장에 인칭을 사용하지 않는 것은 어떤 사람에게 직접 명령을 사용하지 않는 이란의 문화 때문이다. 두 번째 예문은 기본 동사가 가능형으로 사용되었고, 문장은 주어가 있다. 또한 동사 (باید)는 조동사로 사용되었다. 이 문장은 명령형은 아니고 '나는 가야만 한다'는 가능형 강조이다.

(2) شدن

① 현재 시제(می شود – نمی شود); 의미: 가능하다, 가능하지 않다.

• می شود با آن‌ها همراه شد.
• نمی شود به کوه رفت.

☺ 그들과 함께하는 것이 가능하다.

☺ 산에 가는 것이 가능하지 않다.

② 현재 가능형 시제(بشود - نشود); 의미: **가능할 것이다, 가능하지 않을 것이다.**

• نشود شاید مسابقه گذاشت.

☺ 아마 경기하는 것이 가능하지 않을 것이다.

③ 과거 진행형 시제(می شد – نمی شد); 의미: **가능했다, 가능하지 않았다.**

• کاش می شد زندگی را طوردیگری نگریست.
• می شد به راحتی او را دید.
• نمی شد از کار او ایرادی گرفت.

☺ 삶은 다른 방식으로 보는 것이 가능했으면 좋았었다.
☺ 쉽게 그를 보는 것이 가능했다.
☺ 그의 일로부터 트집잡는 것이 가능하지 않았다.

(3) توانستن

① 현재 시제(می توان – نمی توان); 의미: **가능하다, 가능하지 않다.**

• نمی توان از همه‌ی خواسته‌های خود چشم پوشید.
• می توان رفت.
• نمی توان با آن‌ها همراهی کرد.
• می توان با آن‌ها همراه شد.

☺ 자신의 모든 원하는 것들로부터 묵인하는 것이 가능하지 않다.
☺ 가는 것이 가능하다.
☺ 그들과 함께 동행하는 것이 가능하지 않다.
☺ 그들과 함께 되는 것이 가능하다.

② 현재 가능형 시제(بتوان - نتوان); 의미: **가능할 것이다, 가능하지 않을 것이다.**

• شاید نتوان او را دید.
• شاید بتوان رفت.

☺ 아마 그를 보는 것이 가능하지 않을 것이다.
☺ 아마 가는 것이 가능할 것이다.

▶ 동사 (توانستن)는 과거 진행형 시제는 사용하지 않는다.

참고

동사(توانستن: توانستن: بتوان – نتوان، می توان – نمی توان)와 동사(شدن: بشود - نشود، می شود – نمی شود)는 같은 의미이다.

그러나 이 동사들의 다음과 같은 차이를 가지고 있다. 동사 (بتوان - نتوان، می توان – نمی توان)은 문학

과 관습적인 말에 사용되고, 동사 (نمی شود – می شود، نشود - بشود)는 일상과 친밀한 조직 안에 사용된다. 또한 두 동사의 차이점은 동사 (نمی توان – می توان، نتوان - بتوان)은 동사의 끝에 '3인칭 단수 인칭어미(دَ- / Ø)'가 오지 않고, 동사(نمی شود – می شود، نشود - بشود)은 '3인칭 단수 인칭어미
(دَ- / Ø)'가 온다.

주의

위 3개의 동사 중에 동사 (شدن)만이 기본 동사에 부정 접두어 «نـ»를 확장하는 것이 가능하다.

예

- نمی شود دست پخت شما را نِخورد.
- نمی شد به او نگاه نِکرد.

☺ **당신의 손으로 만든 요리를 먹지 않는 것이 가능하지 않다.**

☺ **그에게 응시하지 않는 것이 가능하지 않았었다.**

▶ **가끔은 조동사 대신에 기본 동사에 부정 접두어를 둔다.**

- نِباید با او حرف زد ← باید با او حرف نِزد.

☺ **그와 함께 말하는 것을 하지 말라 → 그와 함께 말하지 않는 것을 해야만 한다.**

3-2 동사가 없는 문장들(جمله‌های استثنایی بی فعل)

동사가 없는 예외의 문장들은 아래와 같은 종류들로 나눌 수 있다.

① 하나의 부분으로 이뤄진, 동사가 없는 예외의 문장(جمله‌های استثنایی بی فعل یک جزئی)

ⓐ 감탄사 또는 감탄사가 아닌 것(문장과 닮은 것)([صوت و غیر صوت [شبه جمله‌ها)

ⓑ 호칭(منادا)

② 두 부분으로 이뤄진, 동사가 없는 예외의 문장(جمله‌های استثنایی بی فعل دو جزئی)

③ 세 부분으로 이뤄진, 동사가 없는 예외의 문장(جمله‌های استثنایی بی فعل سه جزئی)

1) 한 부분으로 이뤄진, 동사가 없는 예외의 문장들(جمله‌های استثنایی بی فعل یک جزئی)

한 부분으로 이뤄진, 동사가 없는 문장들은 하나의 단어가 문장의 역할을 감당한다. 다시 말해서 하나의 단어가 활용과 의미의 관점으로부터 문장과 같은 역할을 한다. 이 종류의 문장들은 동사가 없고, 동사를 추가하는 것이 가능하지도 않다. 이 문장들의 종류는 '**감탄사와 감탄사가 아닌 것(문장과 닮은 것)**'으로 나눌 수 있다. 그리고 별도로 '**호칭**'이 있다.

(1) 감탄사(صوت)

감탄사는 스스로가 홀로 문장과 같은 역할을 감당하기 때문에 다른 단어들과 함께 활용되지 않는다. 즉 다시 말해서 주어, 목적어, 추가, 보어 등과 함께 하지 않는다.

감탄사들은 일반 문장과 다른 상황, 즉 노여움, 놀라움, 증오, 조롱, 모욕, 경멸, 항의 등의 의미를 나타내기 때문에 하나의 문장으로 나타낼 수 있는 의미를 감탄사만으로 표현할 수 있다. 따라서 감탄사는 한 단어이지만 감탄사를 말할 때의 상황과 설명의 방법에 따라 하나의 문장과 같은 의미를 나타낸다. 물론 감탄사를 말할 때 대칭[116]의 존재로부터 하나의 의미를 찾는 것도 가능하다.

① 감탄사로 사용되는 단어들의 예:

- هیس، بەبە، آخ، وای، آهای، هی، وه، آه، اوه، دریغ، واویلا، اهه، وای،.......

② 보다 많은 경우 감탄사는 어떤 상황 안에 있는 사람들을 다른 상황 안으로 안내한다.

⋆ 만약 책상을 옮기는 상황에서 발가락이 책상 아래 놓이게 된다면, 예기치 않은 상황 즉 상황의 전환이 오게 되고, 이와 같이 말하게 된다:

- آخ; آخ = خیلی دردم آمد ([나는] 매우 아프다.)

⋆ 만약 어떤 친구에게 갑자기 어떤 사건이 발생한다면, 이와 같이 말한다:

- آخ; آخ = خیلی برایت ناراحتم ([나는] 너 때문에 괴롭다.)

⋆ 만약 집 문을 잠그지 않고 외출을 하여 친구를 만났다면, 당신은 친구에게 말한다:

- آخ; آخ = یادم رفت در خانه را قفل کنم
  ([나는] 집의 문을 잠그는 것을 기억하지 못했다.)
- آخ; آخ = اتفاق بدی افتاد (나쁜 사건이 발생했다.)

(2) 감탄사가 아닌 것(غیر صوت) = 문장과 닮은 것(شبه جمله)

감탄사가 아닌 단어들 즉 약간의 명사들, 형용사들, 부사들이 하나의 문장과 같은 역할을 감당한다.

① 하나의 단어가 문장으로 사용되는 예:

- سلام، درود، آفرین، افسوس، ساکت، برجا، آزاد، خبردار، حمله، عجب، آتش، آرام، خاموش، خفه، چشم، حیف، ....

⋆ 만약 엄마가 집 안에서 다른 사람들에게 '조용하게(یواش)'라고 말했다면, 이 의미는 다음과 같을 수 있다.

- 조용하게(یواش) = 조용하게 이야기하라(یواش صحبت کن)
  → 아이가 잔다(بچه خواب است)

---

[116] 대칭은 이 책의 PAGE 127 을 참조하라.

⋆ 만약 '알았다(چشم)'라고 말한다면, 그 의미는 다음과 같다.

- 알겠습니다(چشم) =
  [나는] 당신의 소원/ 당신의 명령을 수행한다. (خواسته / دستور شما را انجام می دهم)

참고

(«بیواش»، «چشم»، «درد» و . . .) 이와 같은 단어들은 사실 하나의 문장 안에 일부분일 뿐이다. 그러나 실용성을 위해 이 단어들과 함께 있던 문장의 다른 부분들(주어, 동사, 목적어 등)은 생략되고, 이 단어들만 남아 문장의 전체 의미를 나타낸다.

예

- **알겠습니다(چشم): 당신의 명령을 나의 눈 위에 놓겠다.**(فرمایش شما بر روی چشم من جای دارد)

▶ **이러한 이유로 이 단어들을 한 부분의 동사가 없는 예외의 문장으로 분류하고, 이러한 문장들을 또한 문장들과 닮은 것들의 그룹에 놓기도 한다.**

② 페르시아어 안에, 아랍어의 문장들 또는 약간의 구성들은 하나의 문장과 같이 사용된다. 이때 아랍어의 문장과 약간의 구성들은 스스로의 의미를 잃고 다른 의미로 사용된다.

예

- بسم الله: شروع کن. (خوردن غذا را شروع کن، کار را شروع کن و . . .)
- یاالله: مرد غریبه وارد می شود!
- الله اکبر: خیلی تعجب آور است / آدم باورش نمی شود.
- لا اله الا الله: مرا کلافه کردی و . . . .

☺ بسم الله: 시작하라(음식을 먹는 것을 시작하라, 일을 시작하라…)
→ 편지를 쓸 때 또는 일을 시작할 때 시작하는 의미를 나타내는 말이다.

☺ یاالله: 낯선 남자(이방인)가 집 안에 들어올 때 하는 말.
→ 이슬람에서는 한 가정의 부인은 남편과 자식, 아버지, 다른 여자들, 오빠, 삼촌, 외삼촌을 제외한 모든 남자들 앞에서 루싸리를 착용해야 한다. 이것을 마흐럼이라 부른다. 따라서 마흐럼에서 제외된 외부 남자들은 다른 집을 방문할 때 여자들에게 주의를 주기 위해 문 입구에서 이 말을 한다.

☺ الله اکبر: 매우 깜짝 놀라다/ 믿음을 갖지 못한다.

☺ لا اله الا الله: [너는] 나를 괴롭히다.

▶ 이 아랍어의 구성 또는 문장들과 일치하는 하나의 구성이 페르시아어 안에 존재하지 않기 때문에 이 구성들과 문장들을 또한 한 부분의 동사가 없는 예외된 문장들로 생각한다.

(3) 호칭(منادا)

호칭은 어떤 대상을 부르는 명사이다. 따라서 호칭은 부르는 자와 부름을 받는 자가 존재하고, 부르는 자의 목적은, 부름을 받는 자의 주의를 자신에게로 끌기 위한 것이다. 호칭 또한 하나의 문장과 같은 역할을 감당한다.

예

• فریدون، کجا رفته بودی؟
• «ای انسان خوب، مرا یاری کن»، «ای انسان خوب = ای انسان خوب به من توجه کن / ای انسان خوب با تو هستم / ای انسان خوب به حرف من گوش کن / و . . .»

☺ 페레이둔, 어디를 갔었니?

☺ 좋은 사람이여, 나를 도와 주시오, 좋은 사람이여 = 좋은 사람이여, 나에게 주목하라 / 좋은 사람이여 [나는] 너와 함께 있다 / 좋은 사람이여, 나의 소리에 따르라.

▶ 위 예문들의 마지막 문장의 호칭은 한 단어는 아니다. 여러 개의 단어가 모여 한 부분을 이룬다. 그러나 하나의 의미를 전달하기 때문에 **한 부분의 동사가 없는 예외의 문장들**의 부분에 속한다.

주의

현대의 페르시아어 안에 보통 호칭은 악센트의 도움으로 구성된다. 일반적인 명사들은 명사의 마지막 음절에 악센트가 온다. 그러나 만약 호칭의 역할 안에 명사가 활용된다면, 악센트는 명사의 처음 음절 위에 발생한다.

예

악센트 장소(محل تکیه)	**악센트 장소(محل تکیه)**
↓	↓
• خدا، به ما کمک کن.	• خدا به ما کمک خواهد کرد.
منادا	نهاد

☺ **하나님은 우리를 구제할 것이다.** ☺ **하나님이여, 우리를 구제하소서.**

참고

호칭의 구별을 위하여 가끔 호칭의 안내 역할로도 활용된다.

ⓐ ای; 예: ای مردم ایران، ای مادر مهربان

ⓑ یا; 예: یا حسین مظلوم

ⓒ 이름(명사) 다음 «ا» ; 예: خدایا[118]، والا حضرتا[117]

☺ 오 이란 사람들이여, 오 애정 깊은 어머니여

☺ 오 박해 받는 후세인이여

☺ 하나님이여, 전하여

2) 두 부분으로 이뤄진, 동사가 없는 예외의 문장들(جمله‌های استثنایی بی فعل دو جزئی)

두 부분으로 이뤄진, 동사가 없는 예외의 문장들은 과거에 동사와 함께 사용되었다. 그러나 많은 사용의 이유로 시간이 흐르면서 동사의 필요를 잃어버렸다. 따라서 오늘날 이 문장들은 더 많은 경우 동사를 제외하고 사용한다. 두 부분의 동사가 없는 예외의 문장들 안에 동사가 오는 것은 문장을 친숙하지 않게 한다. 이와 같이 약간의 문장들은 두 개의 명사의 그룹으로 만들어지고, 문장의 술부에는 동사가 오지 않는다.

예

توقف ممنوع، سیگار کشیدن ممنوع، صبح به خیر، شب خوش، عیدتان مبارک، زیارت قبول، خانه‌ات آباد، چشمت بی بلا، علی یارت، خداحافظ

☺ 정차 금지[이다], 담배 피는 것 금지[이다], [당신의] 아침이 평안하게 [되기를], 밤이 좋게 [되기를], 당신의 축일이 축하 [되기를], 순례가 승인[되기를], 너의 집이 번영[하기를], 너의 눈이 재난이 [없기를], 알리가 너의 친구가 [되기를], 하나님께서 보호자(너의 보호자) [이시길]

참고

두 부분으로 이뤄진, 동사가 없는 예외의 문장들을 주어와 술부의 두 부분으로 분해하는 것이 가능하다. 그러나 이러한 문장들의 술부에는 동사가 없다.

---

117 보통 접미사 «ا»는 강조를 위하여 감탄사가 아닌 것 '문장과 닮은 것'에 추가'된다. 확실하게 이 경우에 호의 안내의 역할은 없다.

예 • دریغا، شگفتا، حسرتا، عجبا، دردا.

☺ 아뿔사!(저런!), 얼마나 놀라운가!, 얼마나 슬픈가!, 얼마나 놀라운 일인가!, 아이쿠 가엾어라!

118 «خدا» 와 «ا»가운데 «ي»는 모음으로 끝나는 단어 뒤에 오는 중재이다.

나무 도표 8

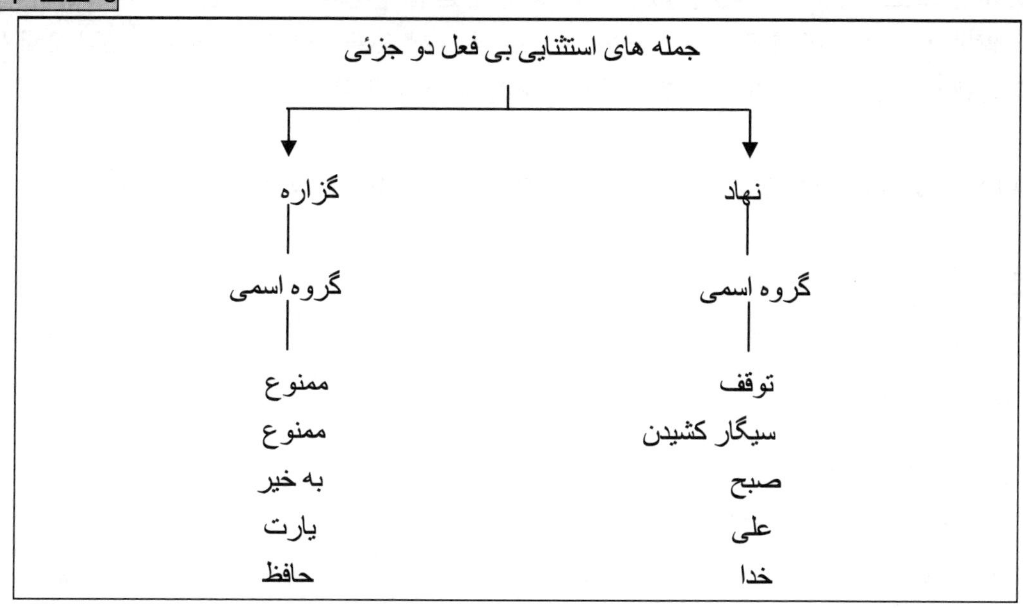

주의

언제라도 두 부분으로 이뤄진, 동사가 없는 예외의 문장들이 동사와 함께 활용된다면, 일반의 문장으로 교환된다. 약간의 경우 문장들은 **보어와 함께하는 세 부분의 문장**이 된다.

예

• توقف ممنوع است. • سیگار کشیدن ممنوع است.
• دو دو تا چهارتا می شود.
• خانه‌ات آباد باد.
• خداحافظ شما باشد. (جمله‌های سه جزئی با مسند)

☺ 정차 금지이다. ☺ 담배를 피는 것은 금지이다.

☺ 2 곱하기 2는 4가 된다.

☺ 너의 집이 번영하길. ☺ 하나님께서 당신의 보호자이시길.

▶ 또한 약간의 문장들은 보어 대신에 추가가 오는 문장들도 있다.

• صبح شما به خیر باشد. • سفرتان به خیر باشد.

☺ 당신의 아침이 평안하게 되기를. ☺ 당신의 여행이 평안하게 되기를.

▶ 이 문장들은 동사를 생략할 수 있지만, 일반 문장들의 동사는 대칭을 제외하고는 생략할 수 없다.

3) 세 부분으로 이뤄진, 동사 없는 예외의 문장들(جمله‌های استثنایی بی فعل سه جزئی)

가장 많이 사용되는 이 종류의 문장들은 «یعنی»와 함께 만들어진다. «یعنی»는 문장 안에서 보어에 통행하는 동사 «است»와 같은 역할을 하고, 술부에 속한다.

(1) 단어 «یعنی»로 구성된 세 부분으로 이뤄진, 동사가 없는 문장들

- زندگی یعنی عشق.
- خدا یعنی محبت.
- تلاش یعنی موفقیت.

☺ 삶은 즉 다시 말해서 애정

☺ 하나님은 즉 다시 말해서 사랑

☺ 노력은 즉 다시 말해서 성공

(2) 단어 «یعنی»를 동사 «است»로 대체

단어 «یعنی»가 동사 «است»의 일을 수행하기 때문에 단어 «یعنی»는 동사 «است»와 같이 생각한다. 따라서 단어 «یعنی» 대신에 동사 «است»로 바꾸면, 문장은 아래와 같다.

예

- زندگی یعنی عقیده ← زندگی، عقیده است.
- کاریعنی خلاقیت و سازندگی ← کار، خلاقیت و سازندگی است.
- شناخت یعنی جدا کردن ارزنده از بی ارزش ← شناخت، جدا کردن ارزنده از بی ارزش است.

☺ 삶 즉 다시 말해서 믿음 → 삶은, 믿음이다.

☺ 일 즉 다시 말해서 창조력과 창조성 → 일은, 창조력과 창조성이다.

☺ 지식은 즉 다시 말해서 가치가 없는 것으로부터 가치가 있는 것을 나누는 것 → 지식은, 가치가 없는 것으로부터 가치가 있는 것을 나누는 것이다.

(3) 동사가 없는 세 부분의 문장의 도표

나무 도표 9

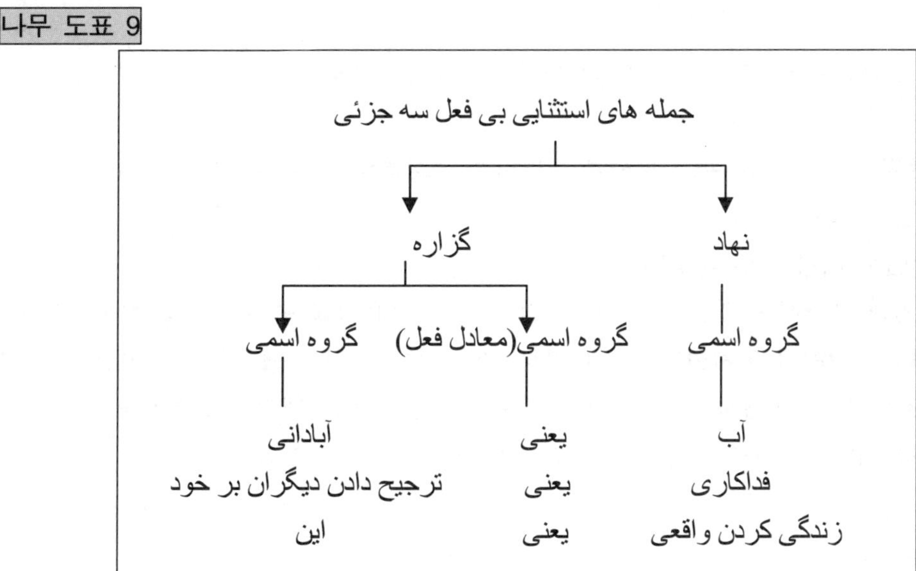

4) 한 종류의 인칭어미를 갖는 동사와 함께하는 문장들(جمله با فعل یک شنا سه ای)

예외의 문장의 다른 종류는 동사가 한 종류의 인칭어미만으로 구성되는 예외의 문장들이다. 주어의 각 인칭과 수(복수, 단수)를 나타내는 인칭어미는 동사 뒤에 오지 않고, 동사 앞의 명사나 형용사에 연결된다. 동사나 형용사에 연결되는 인칭어미는 연결된 인칭 대명사의 형태로 온다. 그리고 이 예외의 문장들의 동사는 추가로 현재 시제에서는 인칭어미 (ـَد)를 사용하고, 과거 시제에서는 인칭어미 ([119]Ø)를 사용한다. 과거 시제에는 빈 인칭어미 (Ø)가 오기 때문에 인칭어미가 없는 것과 같다. 그러므로 이 문장들에 사용되는 인칭어미는 (ـَد)가 유일하다고 할 수 있기 때문에 **한 종류의 인칭어미를 갖는 동사와 함께하는 문장**이라 부른다.

이 문장들은 현재까지 공부한 문장의 형식과는 다르다. 문장의 구성은 '**주어+명사의 그룹+연결된 인칭 대명사(주어의 인칭어미 대신)+동사**'가 된다. 연결된 인칭 대명사는 인칭어미 대신 오는 것이기 때문에 해석하지 않는다. 주어는 대칭 생략이 가능하다. 아래의 형식 안에 현재 시제와 과거 가능형 시제에서는 추가로 인칭어미 (ـَد)가 동사의 끝에 온다.

گروه اسمی + گروه اسمی + ضمیرپیوسته + فعل
(اسم / ضمیر جدا) (اسم / صفت)
(نهاد)

---

[119] 예외로 과거 가능형 시제에는 인칭어미 (ـَد)가 온다.

예

• بچه ها خوابشان می آید.
• شما خوابتان می آید.

☺ 아이들은 그들의 졸음이 온다. ☺ 당신은 당신의 졸음이 온다.

(1) 한 종류의 인칭어미를 갖는 동사와 함께하는 문장들의 구성 요소들의 특징
(ویژگیهای این جمله)

① 연결된 인칭 대명사(ضمیرپیوسته)

연결된 인칭 대명사는 일반 동사에서처럼 인칭어미의 일을 수행하기 때문에 주어의 인칭과 수(복수, 단수)에 일치한다. 또한 인칭어미가 해석되지 않는 것처럼 인칭어미 대신 사용된 연결된 인칭 대명사도 해석하지 않는다. 연결된 인칭 대명사의 장소를 명사 또는 떨어진 인칭 대명사와 교환하는 것은 불가능하다.

② 주어(نهاد)

문장 처음에 오는 주어(명사의 그룹)는 연결된 인칭 대명사(비분리 대명사)와 함께 일치한다. 동사의 인칭어미와는 일치하지 않는다.

• حسن خوابش می آید. • بچه ها خوابشان می آید.
• من حیفم می آید. • تو حیفت می آید.
• او حیفش می آید. • ما حیفمان می آید.
• شما حیفتان می آید. • ایشان حیفشان می آید.

☺ 하싼은 졸음이 오다. ☺ 아이들은 졸음이 오다.
☺ 나는 유감스럽다(후회하다). ☺ 너는 유감스럽다(후회하다).
☺ 그는 유감스럽다(후회하다). ☺ 우리는 유감스럽다(후회하다).
☺ 당신은 유감스럽다(후회하다). ☺ 그들은 유감스럽다(후회하다).

주의

이 문장들의 처음에 오는 주어(명사의 그룹)는 연결된 인칭 대명사(비분리 대명사)와 함께 일치하고, 동사의 인칭어미와는 일치하지 않지만 일반 문장들은 주어(명사의 그룹)는 동사의 인칭어미와 함께 일치한다.

ⓐ **일반의 문장:** • تومی آیی. • من می آیم.

☺ **나는 간다.** ☺**너는 온다.**

▶ **주어와 인칭어미가 일치한다.**

ⓑ **예외의 문장:** (نا درست) .من خنده ام می آیم • (درست) .من خنده ام می آید •

☺ **나는 웃음이 오다.(옳은 문장)** ☺ **나는 웃음이 온다 나의.(옳지 않은 문장)**

▶ **주어와 인칭어미가 일치하지 않는다.**

③ 인칭어미(شناسه)

이 문장들의 동사의 인칭어미는 주어와 관계 없이 항상 3인칭 단수(현재 시제에서는 인칭어미 [د َ-]를 사용하고, 과서 시제에서는 인칭어미 [Ø]를 사용한다)를 사용하기 때문에 실제적으로 동사의 인칭어미라 할 수 없다.

예

• من حیفم آمد Ø، حسن حیفش آمد Ø.

☺ 나는 유감스러웠다, ☺ 하싼은 유감스러웠다.

④ 한 종류의 인칭어미를 갖는 동사와 함께하는 문장에서 구성 요소들의 장소는 일반 문장들과 다르게 교환이 불가능하다. 가끔 주어의 장소를 바꾸는 것은 가능하다.

⑤ 한 종류의 인칭어미를 갖는 동사와 함께하는 문장들의 동사는 다양한 시제들로 사용된다.

• دارد خوابش می آید. • داشت خوابش می برد.

• شاید خوابش برده باشد. • خوابش خواهد برد.

☺ [그는] 졸음이 오고 있다.(현재 진행형) ☺ [그는] 자고 있었다.(과거 진행형)

☺ 아마 [그는] 자고 있었을 것이다.(과거 가능형) ☺ [그는] 잘 것이다.(미래형)

주의

결합된 인칭 대명사는 소유격과 한 종류의 인칭어미를 갖는 동사 문장들의 인칭 대명사 대신으로 사용되는데, 다음과 같은 차이가 있다.

예

• حسن مادرش می آید. **(결합된 소유격)**

• حسن خوابش می آید. **(하나의 인칭어미를 갖는 동사들의 문장)**

▶ ① **결합된 대명사가 소유격으로 사용될 때는 해석을 한다. 그러나 한 종류의 인칭어미를 갖는 동사와 함께하는 문장들의 인칭 대명사 대신으로 사용될 때는 해석하지 않는다.**

☺ **하싼은 그의 엄마가 온다.**

☺ **하싼은 잠이 온다.**

② **결합된 대명사의 소유격은 자리 교환과 생략이 가능하다.**

• حسن مادرش آمد ← مادر حسن آمد.

☺ 하싼 그의 어머니가 온다 → 하싼의 어머니가 온다.

이와 같은 자리 교환과 생략은 보통 예외의 문장들 안에 없다.

• حسن خوابش می آید -/← خواب حسن می آید.

☺ 하싼은 졸립다. -/→ 하산의 졸음이 오다.

(2) 한 종류의 인칭어미를 갖는 동사와 함께하는 문장들의 동사와 짝을 이루는 명사와 형용사

한 종류의 인칭어미를 갖는 동사와 함께하는 문장에 사용되는 동사는 약간의 동사들이고, 이 동사와 짝을 이루는 명사나 형용사도 약간의 명사나 형용사이다. 이것을 정리하면 아래 표 17과 같다.

표 17

형용사/ 명사	동사
یاد، غصه، سرد، گرم، تشنه، گرسنه، سخت، بس	بودن
غصه، سرد، گرم، تشنه، گرسنه	شدن
غصه، خنده، گریه، درد، خواب، لج، حرص	گرفتن
یاد، خوش، بد، گرم، درد، خواب، حیف، زور، دریغ،	آمدن
خواب، مات	بردن
مات ، خشک، بهت	زدن
یاد	رفتن

표 17의 설명: 각 동사들의 의미

ⓐ بودن

• سختش بود. • سردش بود. • گرمش بود. • گرسنه اش بود. • تشنه اش بود.

☺ [그는] 어려웠다. ☺ [그는] 아팠다. ☺ [그는] 더웠다. ☺ [그는] 배고팠다. ☺ [그는] 목말랐다.

ⓑ شدن

• سردش شد . • گرمش شد. • گرسنه اش شد. • تشنه اش شد.

☺ [그는] 춥게 되었다. ☺ [그는] 덥게 되었다. ☺ [그는] 배고프게 되었다.
☺ [그는] 목마르게 되었다.

ⓒ گرفتن

• دردش گرفت. • حرصش گرفت. • لجش گرفت. • خنده اش گرفت. • گریه اش گرفت .

☺ [그는] 아프게 되었다. ☺ [그는] 화나게 되었다. ☺ [그는] 화나게 되었다. ☺ [그는] 웃게 되었다.
☺ [그는] 울부짖게 되었다.

ⓓ آمدن

•دردش می آمد. • حیفش آمد. • دریغش می آمد. • خوشش آمد. • بدش آمد.

☺ [그는] 아팠다. ☺ [그는] 유감스러웠다. ☺ [그는] 후회했다. ☺ [그는] 좋아했다.
☺ [그는] 싫어했다.

ⓔ بردن

• خوابش می برد. • ماتش برده بود.

☺ [그는] 잔다. ☺ [그는] 놀랐다.

ⓕ زدن

• خشکش زد. • بهتش زد.

☺ [그는] 매우 놀랐다. ☺ [그는] 놀랐다.

ⓖ رفتن

• یادم رفت.

☺ [나는] 잊었다.

4 문장의 구성 요소들의 생략(حذف اجزای جمله)

문장의 구성 요소들이 반복될 때 중복을 피하고 문장을 간략하게 만들기 위해 생략할 수 있다. 예를 들어 문장의 구성 요소가 앞 문장에 사용되었던 말[120]이거나, 대화 중에 언급되었던 말들일 경우 반복 사용되었기 때문에 문장을 간략하게 하기 위해 생략할 수 있다. 이와 같이 대칭으로 반복 사용된 말들을 생략하는 것을 **대칭 생략**이라 한다.

또한 이 대칭 생략은 두 사람 이상의 모임 가운데 서로 알 수 있는 말들일 경우에도 생략 할 수 있다. 즉 두 사람이 알고 있는 같은 말도 대칭의 조건이 되기 때문에 생략할 수 있다. 대칭으로 생략된 단어들은 대칭으로 같은 단어들이 존재하거나 기억할 수 있기 때문에 다시 찾을 수 있다. 이러한 대칭 생략은 아래와 같이 세 종류가 있다.

[120] 단어 또는 구와 절을 말하는 것이다.

* 단어말의 대칭에 생략(앞에서 언급되었던 말)
* 출석의 대칭에 생략(두 사람 이상이 출석(참석)한 가운데 대화 중 반복된 말)
* 지적인 대칭에 생략(생각 또는 기억으로 서로 알고 있는 말)

1) 단어의 대칭에 생략(어떤 언급: 앞에서 언급되었던 말)((حذف به قرینه‌ی لفظی (ذکری)

언제라도 문장의 구성요소들이 전에 사용되었던 단어이거나 다음에 사용될 단어라면, 생략할 수 있다. 이 생략은 반복 사용을 피하기 위한 것이다. 또한 이것을 '**같은 단어가 생략 되었다**' 하여 **단어의 대칭에 생략**이라 한다. 물론 단어의 대칭에 생략은 구와 절도 포함된다. 구와 절도 생략할 때에는 하나의 단위로 생각하기 때문에 여기에서는 단어의 의미에 포함시킨다.

• علی آمد و (علی) کتاب را برد.

☺ 알리가 와서, (알리가) 책을 가져갔다.(주어가 생략된 문장)

▶ 위 예문에서 생략된 단어는 **알리**이다. **알리**가 앞 문장에 사용되었기 때문에 반복을 피하기 위해 뒷 문장에서 생략되었다.

* 다른 몇 개의 예:

• یک روز که اصغر آمد به مدرسه [اصغر] یک دسته کلید داشت.

حذف به قرینه‌ی لفظی

• آسمان آبی بود و نگاهت آفتابی [بود].

حذف به قرینه‌ی لفظی

• دل‌هاتان لبریز از محبت [باد] و لحظه‌هاتان سرشار از شادی باد!

حذف به قرینه‌ی لفظی

☺ 아쓰까르가 학교에 온 하루는 [아쓰까르] 하나의 열쇠 고리를 가졌다.(주어의 생략)

☺ 하늘이 파랬고, 너의 시선은 빛났[다].(동사의 생략)

☺ 당신의 마음들은 사랑으로 가득[하고], 당신의 순간들은 기쁨으로 풍부하라!(동사의 생략)

(1) 단어의 대칭으로 단어를 생략할 때 참고 사항들

① 단어의 대칭에 생략된 단어들은 문법적 역할이 다르다.

단어의 대칭으로 생략된 단어들은 각 문장 안에서 문법적 역할이 다를 수 있다. 즉 같은 모양의 단어가 생략되는 것이지 역할이 같은 단어가 생략되는 것은 아니다.

예

• دیروز که پریسا را دیدم، [پریسا] خیلی سرحال بود.

مفعول　　　نهاد

☺ [내가] 파리써를 만났던 어제는, [파리써는] 매우 기분이 좋았다.

▶ 반복을 피하기 위해 생략된 단어 파리써(پریسا)는 앞 문장에서는 **목적어의 역할**을 하고, 뒷 문장에서는 **주어의 역할**을 한다.

② 대답의 문장 안에서 단어의 대칭에 생략

질문의 문장에 대답할 때, 보통 정보의 요점만을 생각하여 대답의 문장 안에 질문의 문장과 같은 부분이 존재하는 경우, 이것도 단어의 대칭으로 생각하여 생략할 수 있다.

예

• بلندترین قله‌ی ایران بعد از دماوند کدام است؟ علم کوه =
[بلندترین قله‌ی ایران بعد از دماوند] علم کوه [است].
حذف به قرینه‌ی لفظی / حذف به قرینه‌ی لفظی

☺ 가장 높은 이란의 산 정상은 다머반드 다음 어떤 것입니까? 알람산 =
[가장 높은 이란의 산 정상은 다머반드 다음] 알람산입니다.

• چند سال است که سنتور می زنی؟ سه سال = سه سال[است که سنتور می زنم].
حذف به قرینه‌ی لفظی

☺ [네가] 싼투르를 연주한 것이 몇 년입니까? 3년 = [내가 싼투르를 연주한 것은] 3년[이다].

③ 단어의 대칭에 생략은 질문의 문장들 안에서도 발생한다.

• دیروز به مدرسه نرفتم. چرا[دیروز به مدرسه نرفتی]؟
حذف به قرینه‌ی لفظی

☺ [나는] 어제 왜 학교에 안 갔다. 왜 [너는 어제 학교에 가지 않았니]?

▶ 문장 '[나는] 어제 학교에 안 갔다'는 어떤 사실을 말한 것이고, 문장 '왜 [너는 어제 학교에 가지 않았니]?'는 이 사실에 대한 **질문의 문장**이다.

• فردا فرهاد را می بینم. کجا [فردا فرهاد را می بینی]؟
حذف به قرینه‌ی لفظی

☺ 내일 파르허드를 볼 것이다. 어디서[내일 파르허드를 볼 거니]?

▶ 문장 '내일 파르허드를 볼 것이다'는 어떤 사실을 말한 것이고, 문장 '어디서[내일 파르허드를 만날 거니]?'는 이 사실에 대한 **질문의 문장**이다.

주의

위 마지막 세 개의 예문들 안에, 생략된 동사(می بینی، نرفتی، می زنم)는 앞의 문장 안에 사용된 동사와 뒷 문장의 동사가 같기 때문에 단어의 대칭으로 생략되었다. 그러나 앞 문장의 인칭어미(می بینم، نرفتم، می زنی)와 뒷 문장의 인칭어미(می بینی، نرفتی، می زنم)는 서로 다르지만, 생략되었다. 이것은 단어의 대칭이 아니지만, 지적인 대칭(기억, 생각)으로 생략된 것으로 지적으로 찾을

수 있는 것이다.

예를 들어: '[네가] 싼투르를 연주한 것이 몇 년입니까? «چند سال است که سنتور می زنی؟»'의 질문에 대한 **대답은 동사의 인칭어미가 2인칭이 아닌 1인칭이어야 한다는 것을 알 수 있다. 그러므로 우리의 생각으로 인칭어미를 구별하여 동사의 인칭어미를 교환할 수 있다.**

• چند سال است که سنتور می زنی؟ (질문의 문장)→ سه سال[است که سنتور می زنم]. (대잡의 문장)
[حذف به قرینه‌ی لفظی]

④ 가끔 한 문장의 전체 또는 몇 개의 문장까지도 반복 사용을 피하기 위해 생략된다.

예

• می خواهم که با پدرم صمیمی تر بشوم اما نمی توانم[که با پدرم صمیمی تر بشوم].
حذف به قرینه‌ی لفظی

☺ 나는 나의 아버지와 함께 보다 진실되는(친밀하게 되는) 것을 원한다. 그러나 가능하지 않다.[나의 아버지와 함께 보다 진실되는(친밀하게 되는) 것이]

• خودم می دیدم که قبول شده‌ام اما باورم نمی شد [که قبول شده‌ام].
حذف به قرینه‌ی لفظی

☺ 나 스스로가 합격되는 것을 보았다. 그러나 믿기지 않았다.[내가 합격된 것이]

• هم تو می خواهی که این ماجرا تمام شود، هم ما [می خواهیم که این ماجرا تمام شود].
حذف به قرینه‌ی لفظی

☺ 네가 이 사건이 끝나는 것을 원할 뿐만 아니라, 우리도 역시 [이 사건이 끝나는 것을 원한다.]

④ 인칭 대명사로 된 주어는 동사의 인칭어미와 일치하기 때문에 생략 가능하다.

예

• می دانم که این کار را نخواهی کرد = [من] می دانم که [تو] این کار را نخواهی کرد.
نهاد ضمیر حذف شده / شناسه / نهاد ضمیر حذف شده / شناسه

☺ [나는] 이 일을 [네가] 하지 않을 것을 알고 있다.

• طبیعت را فراموش نکنید = [شما] طبیعت را فراموش نکنید.
نهاد ضمیر حذف شده / شناسه

☺ [당신은] 자연을 잊지 말아라.

• ورزش را فراموش نکن = [تو] ورزش را فراموش نکن Ø.
نهاد ضمیر حذف شده / شناسه

☺ [너는] 운동을 잊지 말아라.

주의

2인칭 단수의 부정 명령문과 긍정 명령문의 동사에는 인칭어미가 오지 않는다. 따라서 인칭어미와 주어가 대칭이 되지 않아 주어를 생략할 수 없는 것 같지만, 주어와 인칭어미의 일치의 조건에 따라 인칭어미가 비어 있기 때문에 문장의 자유의 주어(تو)[121]도 생략된다.

2) 출석의 대칭에 생략(حذف به قرینه‌ی حضوری)

두 사람 이상 가운데 '**대화가 발생했을 때**'[122], 보통 듣는 자와 말하는 자의 '**출석(동석)**' 가운데 **기억**할 수 있는 말(단어)들은 절제를 위하여 생략 가능하다.

(1) **출석의 대칭에 생략**은 아래와 같은 경우들에 발생한다.

① 말하는 자와 듣는 자가 같은 상황 안에서 함께 느낄 수 있는 말들은 기억할 수 있으므로 생략할 수 있다.

- [غذا] سرد است.

☺ [음식이] 식다(차갑다).

▶ 만약 당신의 친구와 함께 음식이 놓여진 식탁에 조금 늦게 도착하여 앉았다면, 음식에 대해 '차갑다(سرد است)'라고 말할 수 있을 것이다. 따라서 이 문장의 생략된 부분은 **주어(음식: غذا)**이다. 즉 듣는 자와 말하는 자 양쪽 모두의 출석 가운데 함께 느낄 수 있는 주어인 **음식(غذا)**을 생략하였다. 또한 생략된 주어 **음식(غذا)**은 두 사람이 서로 기억 하거나 알 수 있는 것으로서 대칭의 조건이 성립되기 때문에 생략 가능하고, 찾을 수 있다.

- [رسیدن ما به مقصد] دیر شد.

☺ [약속 장소에 우리의 도착이] 늦었다.

▶ 만약 당신이 친구와 함께 지금 어떤 장소에 가고 있는 상황 속에서 약속 시간보다 늦었다면, 옆에 있는 친구에게 **늦었다(دیر شد)**라고 말할 수 있다. **늦었다(دیر شد)**라는 말은 주어인 **목적지에 우리가 도착하는 것이(رسیدن ما به مقصد)**가 생략된 것이다. 두 사람 모두 동일한 상황의 발생 과정 안에 함께 출석하고 있으므로 함께 느낄 수 있는 말들은 생략이 가능하다. 이 방법의 생략은 매일의 대화 가운데 보다 많이 발생하다.

---

121 자유의 주어란 문장 안에서 생략 가능한 주어를 말하는 것이다. 대표적인 예로 인칭 대명사는 문장 안에서 인칭어미와 일치하므로 생략 가능하다.

122 물론 회화 안에 발생하는 모든 생략이 '**출석의 대칭에 생략**'만 있지는 않다. 회화 가운데 생략은 '**단어의 대칭에 생략**'과 '**지적인 대칭에 생략**'도 함께 존재한다.

② 말하는 자가, 듣는 자를 대상으로 말할 때 기억 할 수 있는 말들이 있다면 회화 중에 생략이 가능하다.

예

• بده بخوانم.

☺ 줘라 읽게

▶ 만약 당신이 친구의 손에 책이 있는 것을 본다면, '**줘라 읽게(بده بخوانم.)**'라고 말할 수 있을 것이다. 문장 **줘라 읽게(بده بخوانم.)**는 두 문장의 결합으로서 두 문장 모두 목적어 **책(کتاب)**이 생략되었고, 첫 번째 문장은 또한 **추가**가 생략되었다.

• بده بخوانم = [تو] [این کتاب را] [به من] بده[124] [تا][123] [من] [این کتاب را] بخوانم.

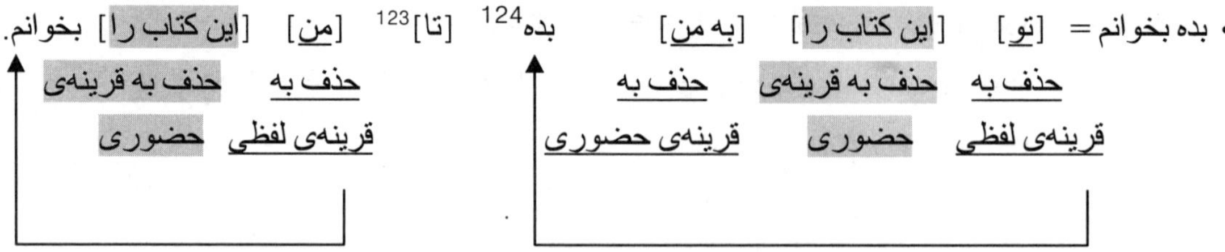

☺ [너는] [이 책을] [나에게] 줘라 [내가] [이 책을] 읽는 것을 [위하여]

③ 대화 가운데 말하는 자가 듣는 자를 대상으로 말하는 부분은 생략할 수 있다.

• [به شما] گفته بودم آن کتاب را بخرید.

☺ [당신에게] 말했다: 그 책을 사라고

3) 지적인 대칭에 생략(기억, 생각)((حذف به قرینه‌ی معنوی (ذهنی))

앞에서 배운 **단어에 대칭**과 **출석에 대칭**의 조건과는 일치하지 않지만 어떤 말들이 **예전에 기억** 또는 **말의 전체 내용과 문맥**에 주의해서 알 수 있는 것이라면, 이 말들을 문장에서 생략할 수 있다. 이와 같은 생략을 **지적인(기억, 생각) 대칭에 생략**'이라 부른다.

예

• دیدم که وارد مغازه شد و چیزی خرید =

[من] دیدم که [او] وارد مغازه شد و چیزی [از فروشنده / صاحب]خرید.

حذف به قرینه‌ی لفظی / حذف به قرینه‌ی لفظی / حذف به قرینه‌ی معنوی

☺ [나는] [그가] 가게 안에 들어오는 것과 물건을 [상인/ 가게 주인으로부터] 사는 것을 봤다.

▶ 이 문장 안에, 단어 상인(فروشنده) 또는 가게 주인(صاحب مغازه)은 생략되었다. 단어 상인(فروشنده)

---

123 전치사 [تا]는 지적인 대칭에 생략되었다.

124 전에 말했던 것과 같이 이 문장 안에, 주어가 생략 된 것은 2 인칭 명령문의 동사에 '빈 인칭어미(인칭어미가 없는 것)'가 오기 때문에 이 문장의 주어는 대칭으로 생략된다. PAGE 129의 **주의**를 참조하라.

듣는 자와 말하는 자가 함께 출석하는 대화 가운데 있었던 부분은 아니다. 그러나 듣는 자는 유일하게 예전의 기억 즉 '그가 가게에 들어갔다'는 말을 들은 것으로부터 유추 해석하여 '상인(**فروشنده**)'으로부터 물건을 산 것을 기억해 낼 수 있다. 즉 다시 말해서 말하는 자는 가게로 들어간 자가 가게 안에서 물건을 샀기 때문에 '상인 (**فروشنده**)'으로부터 물건을 샀다는 것을 생략할 수 있고, 듣는 자는 물건을 산 자가 전에 가게로 들어간 것을 들었기 때문에 생략된 문장의 부분을 생각(기억)할 수 있다.

• بالاخره از سفر بر گشت؟

☺ [그는] 마침내 여행으로부터 돌아왔습니까?

▶ 듣는 자와 말하는 자가 여행에 연관되어 예전에 **'그를(3인칭 단수 주어)'**고 있었기 때문에 '그(3인칭 단수 주어)'에 대한 지적인 생략이 가능하다.

4) 문장으로부터 중요하지 않은 부분의 생략

(گاهی حذف یک جزء از کلام به دلیل بی اهمیت یا عادی بودن آن جزء از نظر معنایی و اطلاع رسانی روی می دهد)

만약 문장의 구성 요소들이 전달자의 정보와 의미의 관점에서 중요성이 없는 것으로 생각될 때 이 구성 요소들은 생략 가능하다.

예

• کتاب ادبیات فارسی را خریدم.

☺ [나는] 페르시아 문학책을 샀다.

▶ 현재의 상태로 이 문장을 이해하는 데 문제점이 없다. 그러나 이 문장을 **'[나는] 책을 [서점으로부터] 페르시아 문학 책을 샀다(کتاب ادبیات فارسی را از کتابفروشی خریدم)'**라고 표현한다면 이 문장은 좀더 정확한 정보를 나타낼 수 있다. 이 문장에서 '추가(서점: **کتابفروشی**)'에 대한 정보는 중요하지 않으므로 전치사(~부터: **از**)와 함께 생략된 것이다. 그러나 '서점'에 대한 정보가 중요하다면 확실하게 문장 안에 표시해야 한다. 보통 이 생략들은 **풍부한 제작의 문장**으로부터 간략하게 제작되는 문**장의 외형(표면) 제작**으로 축소되는 것이다.

* 풍부한 제작(ژرف ساخت): • علی کتابش را آورد و علی کتابش را خواند.
* 외형 제작(رو ساخت): • علی کتابش را آورد و خواند.

☺ 알리는 그의 책을 가져와서, 알리는 그의 책을 읽었다.

☺ 알리는 그의 책을 가져와서 읽었다.

▶ 이와 같이 풍부한 제작 안에 생략은 없다. 생략은 유일하게 외형 제작 안에 문장을 간략하게 표현하기 위해서 발생한다.

(1) 문장의 생략

복합 문장 안에 때때로 종속절(종속 문장)의 생략이 단어의 대칭과 함께 발생한다.

• رفته بودم که او را ببینم. اما نتوانستم [که او را ببینم].

☺ [나는] 그를 보기 위해 갔었다. 그러나 [그를 보는 것이] 가능하지 않았다.

(2) 주어의 생략

1 인칭과 2 인칭 단수 인칭 대명사로 된 주어 (من, تو)와 1, 2 인칭 복수 인칭 대명사 주어 (ما, شما)는 보통 문장에서 생략된다. 물론 생략된 주어는 인칭어미와 일치하기 때문에 쉽게 찾을 수 있다. 그러나 주어가 **동격어 또는 수식어와 함께 있는 경우**와 **어떤 일 안에 강조가 있는 경우**에는 인칭 대명사의 주어를 생략하지 않는다. 아래의 예문들이 주어를 생략하지 않는 경우이다.

• ما دانشجویان سال دوم، آمادگی خود را برای انجام کارهای بزرگتر اعلام می کنیم.(همراه با بدل)
• گل زیبا در حیاط هست.(همراه با وابسته واپسین = صفت)
• من این موضوع را گفته بودم. (تأکید، نه کس دیگر)

☺ 우리는 대학교 2학년, 스스로의 준비를 보다 커진 일들의 성취를 위하여 발표한다.
(주어가 동격어와 함께, 우리 = 대학교 2학년)

☺ 아름다운 꽃이 마당 안에 있다.(형용사 = 후치(후위) 수식 형용사와 함께, 아름다운)

☺ 나는 이 주제를 말했다.(강조, 다른 사람이 아닌 내가 말했다)

(3) 3인칭 주어는 생략되면 그것을 찾을 수 없기 때문에 생략할 수 없다.

3인칭 주어는 생략하면 찾을 수 없기 때문에 생략하지 않지만, 앞 문장 또는 뒷 문장에서 언급된 단어 또는 출석의 대칭과 기억 대칭인 경우에는 3인칭 주어를 생략할 수 있다.

(4) 질문과 대답의 문장들 안에 질문 대상의 요점을 제외하고 문장의 모든 부분의 생략은 생략할 수 있다.

• دیروز حسن از مسافرت آمد. که ....؟ (=دیروز که از مسافرت آمد؟)

☺ 어제 하싼은 여행으로부터 왔다…? 누가(어제 누가 여행으로부터 왔습니까?)

(5) 가끔 말하는 자가 문장의 구성 요소들로부터 기억의 자제를 위해 구성 요소들을 생략한다.

• درباره‌ی بهرام چیزی شنیدم.

☺ [나는] 바흐럼에 대하여 어떤 것을 들었다.

▶ 이 문장 안에, 말하는 자는 문장의 추가를 기억으로부터 자제한다. 예를 들어: '나의 친구들로부터(از دوستانم)'를 자제한다.

(6) 가끔 생략이 문장을 가볍게 하기 위해 발생한다.

말하는 자 또는 듣는 자가 문장을 가볍게 하기 위해 말의 일부분을 생략한다. 보통 이 종류의 생략은 **전치사**([125]حرف‌های اضافه)와 **결합사**((حرف‌های پیوند (ربط)), 그리고 동사 중 가장 많이 사용되는 **보어에 통행하는 동사들**(مانند «است»)에 발생한다.

① 전치사의 생략

• بنشین کنار من = بنشین [در] کنار من.

• بپیچ داخل این خیابان = بپیچ [به] داخل این خیابان.

☺ 앉아라 나의 옆 = 앉아라 나의 옆[에].

☺ 돌아라 길 안쪽 = 돌아라 길 안쪽[에서].

② 연결 동사들의 생략(보어에 통행하는 동사들의 생략)

복합 문장 안에 연결 동사(보어에 통행하는 동사들의 생략)는 생략될 수 있다.

• هر چه دقیق‌تر، بهتر = هر چه دقیق‌تر [باشد]، بهتر [است].

☺ 무엇이든 보다 주의, 보다 좋은 = 무엇이든 보다 주의한다면, 보다 좋다.

• هر چه ارزانتر....، بهتر... = هر چه ارزانتر[باشد]، بهتر[است].

☺ 무엇이든 싼 것이 있다면, 보다 좋다.

③ 접속사들((حرف‌های پیوند (ربط))의 생략

• می خواهی پیروزشوی، تلاش کن = [اگر] می خواهی [که].

• از کسی خجالت نمی کشد، از خودش شرمش می آید = از کسی خجالت نمی کشد [بلکه] از خودش . . .

☺ [만약] [너가] 성공하는 것을 원한다면, 노력하라.

☺ [그는] 누구로부터 부끄럽게 되지 않았다, [그러나] 그 자신으로부터 부끄러움이 온다.

주의

위의 '문장으로부터 중요하지 않은 부분의 생략'들 하나하나마다 고유한 이름을 붙이고, 독립적인 생략의 그룹으로 생각할 수 있다. 그러나 이 그룹의 나눔이 지적인 대칭에 생략과 비슷하게 겹치는 부분들이 있고, 지적인 대칭에 생략으로 묶을 수도 있기 때문에 이와 같은 생략들을 지적인 대칭에 생략으로 생각한다.

---

[125] 전치사들의 생략은 '부사의 그룹'의 학습 안에 (부사의 추가)의 주제에서 자세하게 다루게 될 것이다.

5 문장의 구성 요소들의 위치와 자리 교환

(جابه‌جایی اجزای جمله و ترتیب آمدن اجزای اصلی جمله)

페르시아어 쓰기의 일반적인 방법 안에, 문장의 구성 요소들의 순서는 아래와 같다.

1) 문장의 구성 요소들의 위치(ترتیب آمدن اجزای جمله)

(1) 주어: 보통 문장의 처음에 온다.

- خاطره در امتحان نهایی شاگرد اول شد.
- محمود دیروز کتابی از کتابخانه گرفت.

☺ 허테레는 마지막 시험에서 일등이 되었다.

☺ 마흐무드는 어제 도서관의 하나의 책을 취했다.

(2) 동사: 문장의 끝에 온다.

- فاطمه از مسافرت برگشت.
- طاهره باهوش است.

☺ 퍼테메는 여행으로부터 돌아왔다.

☺ 터헤르는 지성적이다.

(3) 보어: '**보어와 함께하는 세 부분의 문장**'에서는 주어 다음에 간격 없이 연결 동사 전에 오고, '**보어 및 목적어와 함께하는 네 부분의 문장**'에서는 목적어 다음 그리고 동사 전에 온다. 만약 문장이 추가 또는 부사를 갖는다면, 보어는 그것들 다음에 온다. 즉 동사 전에 온다.

- هوا گرم است. • هوا امروز در تمام ایران گرم است.
- همدان را اکباتان می‌نامیدند.

☺ 날씨가 덥다. ☺ 오늘 날씨는 모든 이란 안에 덥다.

☺ [그들은] 하메던을 에크버턴이라 부른다.

(4) 목적어: «را»가 있는 목적어는 주어 다음 오고, «را»가 없는 목적어는 간격 없이 동사 전에 온다. 보통 목적어는 주어(주부) 다음 그리고 동사 전에 온다.

- فاطمه توپ را برد. • طاهره کتابی خرید.
- پروین کتاب را آورد.

☺ 퍼테메는 공[을] 옮겼다.　☺ 터헤레는 어떤 책[을] 샀다.

☺ 파르빈은 책을 가져왔다.

참고

'추가 및 목적어와 함께하는 네 부분의 문장'에서는 아래의 형태 중 하나의 방식으로 목적어의 자리가 정해 진다.

① 만약 목적어가 (را)와 함께 있다면, 보통 추가 전에 온다.

- مجید کتاب را از کتابخانه گرفت.
- حمید قلم را به سعید داد.
- یوسف کتاب را به کتابخانه داد.

☺ 마지드는 책을 도서관으로부터 취했다.

☺ 요셉은 책을 도서관에 주었다.

② 만약 목적어가 (ی)와 함께 있다면 보통 추가 전에 또는 그것 다음에 온다.

- یوسف کتابی از کتابخانه گرفت. = یوسف از کتابخانه کتابی گرفت.

☺ 요셉은 어떤 책(을) 도서관으로부터 취했다. = 요셉은 도서관으로부터 어떤 책(을) 취했다.

③ 목적어가 (را)와 (ی)와 함께하지 않을 때 보통 추가 다음에 온다:

- مجید از کتابخانه کتاب گرفت.
- حمید از فروشگاه کیف خرید.
- یوسف از بازار پارچه خرید.

☺ 마지드는 도서관으로부터 책(을) 취했다.

☺ 하미드는 상점으로부터 가방(을) 샀다.

☺ 요셉은 시장으로부터 천(을) 샀다.

(5) 추가: '**추가와 함께하는 세 부분의 문장**'에서는 보통 주어 다음 그리고 동사 전에 오고, '**추가 및 목적어와 함께하는 네 부분의 문장**'에서는 목적어 다음 그리고 동사 전에 온다. '**추가 및 보어와 함께하는 네 부분의 문장**'에서는 주어 다음에 그리고 동사와 보어 전에 온다.

- تقی به مسجد رفت.
- نقی از تقی کوچکتر است.
- یوسف به مدرسه رفت.
- یوسف از ورزش گریزان است.

☺ 타끼는 모스크에 갔다.　☺ 나끼는 타끼보다 작다.

☺ 요셉은 학교에 갔다.　☺ 요셉은 운동으로부터 기피하다.

(6) 호격: 보통 문장의 처음 주어 전에 온다.

• خدایا خودت ستمگران و زورگویان رامغلوب و منکوب گردان.

• احمد! تو بیا. • خدایا! خودت به داد ما برس.

☺ 하나님이여! 당신 스스로 압제자들과 폭군들을 쳐부수고 정복하여 주십시오.

☺ 아흐마드! 당신은 오시오.

☺ 하나님이여! 당신 스스로 우리를 도와주십시오.

(7) 동격어: 하나의 문장 안에, 어떤 단어나 문절이 다른 단어나 문절과 문장의 구성상 같은 기능을 나타낼 때 사용된다. 두 단어가 같은 기능을 하지만 모양은 다르다. 따라서 두 단어를 동격어와 변환자로 이름을 붙일 수 있는데, 보통 동격어는 변환자 전에 온다.

① 주어의 동격어(بدل از نهاد)

• سعدی، شاعر بزرگ ایران از خاک پاک شیراز است.

☺ 싸아디, 이란의 큰 시인은 쉬라즈 출신이다.(동격어: 싸아디, 변환자: 이란의 큰 시인)

② 목적어의 동격어(بدل از مفعول)

• سعدی، شاعر بزرگ ایران را معلّم هفتصد سال اخیر ایران می‌دانند.

☺ 싸아디, 이란의 큰 시인을 오늘날 이란의 700 년 선생으로 알고 있다.
(동격어: 싸아디, 변환자: 이란의 큰 시인)

(8) 소유격 명사: 보통 소유격 지배를 받는 명사 뒤에 오고, 그것의 종속자(소유자)로 문장 안에 놓인다.

• کتاب علی در مدرسه گم شد.

☺ 알리의 책은 학교 안에서 없어졌다.

(9) 형용사, 설명의 형용사: 보통 명사를 수식하는 설명의 형용사들은 명사 뒤에 오고, 지시 형용사, 의문형용사, 그외의 형용사들은 형용사로 지배를 받는 명사 전에 온다.

• مادر مهربان آمد.
• احمد این کتاب را به من داد.
• شما از چه کتابی خوشتان می‌آید؟

☺ 친절한 어머니가 오다. (설명의 형용사)

☺ 아흐마드는 이 책을 나에게 주었다. (지시형용사)

☺ 당신은 어떤 책으로부터 당신의 만족이 오는가? (의문형용사)

(10) 문장을 수식하는 부사: 보통 문장 전에 온다.

- خوش بختانه / متأسفانه / گويا / حتماً / بهرام از سفر برگشته است.

☺ 다행히도 / 유감스럽게 / 마치 / 확실히 바흐럼은 여행으로부터 돌아왔다.

* 가장 많이 사용되는 문장을 수식하는 부사들

- خوش بختانه، بدبختانه، متأسفانه، با كمال تأسف و . . .

(11) 시간에 관련된 부사들: 보통 문장의 처음에 또는 주어 다음에 온다.

- امروز / تا دو روز ديگر / سال آينده مسير دوچرخه سوارى اين پارک بازگشايى خواهد شد.
- مسير دوچرخه سوارى اين پارک، امروز / تا دو روز ديگر / سال آينده بازگشايى خواهد شد.

☺ 오늘 / 이틀 뒤까지 / 내년에 이 공원의 자전거 운행 코스는 다시 시작될 것이다.

☺ 이 공원의 자전거 운행 코스는 오늘 / 이틀 뒤까지 / 내년에 다시 시작될 것이다.

(12) 주어의 상태 부사: 주어 다음에 온다.

- او بهت زده نامه را خواند.
- پدرم خوش و خندان با يک جعبه شيرينى در يک دستش و يک روزنامه در دست ديگرش وارد خانه شد.

☺ 그는 놀라 편지를 읽었다.

☺ 나의 아버지는 즐거움과 웃음으로 그의 한 손에 비스킷 한 상자와 그의 다른 손에 하나의 신문과 함께 집안에 들어왔다.

(13) 목적어의 상태 부사: 목적어 다음 온다.[126]

- استاد درس خود را تنها در آن كلاس توضيح ميدهد.
- حوالى ظهر، پرستو را با سر و وضع آراسته، سرحال و خندان روبه‌روى دانشگاه ديدم.

☺ 교수님은 자신의 학습을 오직 그 수업에서 설명하다.

☺ 하벌리 조흐르는 파라쓰투를 치장된 상태와 머리로 대학의 맞은편에서 봤다.

(14) 동사의 부사[127]: (시간의 부사를 제외하고) 동사 전에 온다. '보어에 통행하는 동사'에서는

---

[126] 총체적으로 부사는 자신이 수식하는 문장의 각 구성 요소들 옆에 온다.

[127] 동사의 부사들은 보통 아래의 의미들이다.

. 시간(**زمان**): امروز، ديشب، حالا، تا به حال، هميشه، هنوز، ناگهان، هر روز، هر هفته و . . .

. 장소(**مكان**): اين جا، هر جا، پشت پنجره، در خيابان و . . .

. 양(**مقدار**): خيلى، كمى، ده كيلو، سه متر، يك ساعت و . . .

보어 전에 온다.

• تا به حال من این کتاب را سه بار به دقت خوانده‌ام.

قید فعل / قید فعل/ قید فعل

(زمان) / (تکرار) / (چگونگی)

• فردا هوا حدوداً ده درجه‌ی سانتی‌گراد گرم‌تر خواهد شد.

قید فعل/ قید فعل / قید فعل / مسند

(زمان) (تقریب) (مقدار)

☺ 지금까지 나는 이 책을 세 번 주의깊게 읽었다.

☺ 내일 날씨는 대략 섭씨 10도보다 덥게 될 것이다.

참고

ⓐ 소원, 후회, 칭찬, 기쁨의 부사들은 보통 주어 전에 온다.

• کاش شما را می دیدم. (소원의 부사)

• متأسفانه کتاب را نخوادم. (후회의 부사)

• خوشا کبوتر های آسمان که پرواز می کنند. (기쁨의 부사)

• افسوس که دوستم رفت. (슬픔의 부사)

☺ [나는] 당신을 만났으면 좋겠다. **☺ 불행하게도 [나는] 책을 읽지 않았다.**

☺ 얼마나 좋은가 날아가는 하늘의 비둘기는 **☺ 아아(슬프다). 나의 친구가 갔구나.**

ⓑ 시간, 부정, 의심(의혹)의 부사는 보통 주어 다음 또는 주어 전에 온다.

• هوا امروز سرد است = امروز هوا سرد است. (시간의 부사)

• مهدی شاید امتحان ندهد = شاید مهدی امتحان ندهد. (의심의 부사)

• او هرگز نخواهد رفت = هرگز او نخواهد رفت. (부정의 부사)

☺ 날씨는 <u>오늘</u> 춥다. = <u>오늘</u> 날씨는 춥다.

☺ 메흐디는 <u>아마</u> 시험을 치르지 않았을 것이다. = <u>아마</u> 메흐디는 시험을 치르지 않았을 것이다.

☺ 그는 <u>결코</u> 가지 않을 것이다. = <u>결코</u> 그는 가지 않을 것이다.

ⓒ 장소, 분량(수량), 방법, 상태, 질문, 강조, 정리의 부사는 자주 주어 다음에 온다.

• نادر خیلی باهوش است. (분량의 부사)

• طاهر خوب سخنرانی می کند. (방법의 부사)

• صادق غمگین نشسته بود. (상태의 부사)

• حسین کجا رفته است؟ (장소의 부사)

방법(**چگونگی**): آرام آرام، به سرعت، به خوبی، عجولانه و . . . .

반복(**تکرار**): دوباره، باز، سه بار، هفته‌ای دوبار، سه بار در روز و . . . .

• حسین حتماً به کتابخانه رفته است. (강조의 부사)

• منصور کمی ناراحت است. (분량의 부사)

• منصور کمی ناراحت است. (분량의 부사)

• مسعود زیبا می‌نویسد. (방법의 부사)

• محمود پیاده به مدرسه رفت. (방법의 부사)

• بچه ها دوبه دو صف بسته اند. (정리의 부사)

☺ 너데르는 매우 영리하다. **☺ 터헤르는 잘 연설하다.**

☺ 써데그는 슬프게 앉아 있었다. **☺ 후쎄인은 어디 갔습니까?**

☺ 후쎄인은 확실히 도서관에 갔다. **☺ 만쑤르는 조금 불편하다.**

☺ 마쓰우드는 아름답게 적는다. **☺ 아이들은 두 열로 연결했다.**

(15) 명사의 추가: 명사 다음에 온다. 그러나 만약 추가를 갖는 명사가 문장의 목적어이면, 추가는 보통 목적어 다음에 온다.

• ما به کمک شما نیاز داریم. (به جای «ما نیاز به کمک شما داریم.»)

مفعول

☺ 우리는 당신의 도움에 필요를 갖는다.(《우리는 필요를 당신의 도움에 갖는다.》 대신에)

(16) 형용사의 추가: 형용사 다음에 온다. 그러나 만약 형용사가 보어 자리에 있다면 형용사의 추가는 보어 즉 형용사 전에 온다.

• ما به آبادی کشورمان امیدوار هستیم. (به جای «ما امیدوار به آبادی کشورمان هستیم.»)

مسند

☺ 우리는 우리 나라의 번영에 희망차다.(《우리는 희망차 우리 나라의 번영에 다.》 대신에)

• همگی از کمک شما سپاسگزار هستیم. (به جای «همگی سپاسگزار از کمک شما هستیم.»)[128]

مسند

---

128 일부 형용사들 가운데 형용사가 보어 자리에 있을 때 **형용사의 추가**가 형용사 전 또는 다음에 오는 것은 일상적인 것이다.

• او معتقد به ماوراء الطبیعه است ← او به ماوراء الطبیعه معتقد است.

• من علاقه‌مند به این رشته بودم ← من به این رشته علاقه‌مند بودم.

☺ 그는 믿음이 형이상학에 있다. → 그는 형이상학에 믿음이 있다.

☺ 나는 관심이 이 학과에 있었다. → 나는 이 학과에 관심이 있었다.

▶ 일부 형용사들 가운데 형용사의 추가는 형용사가 보어가 아닌 경우 형용사 전에 오지 않는다.

예

• این آزمایش حاکی از بیماری شما است ≠ این آزمایش از بیماری شما حاکی است.

☺ 이 검사는 당신의 질병의 진술이다. ≠ 이 검사는 진술 당신의 질병으로의 이다.

☺ 모두들 당신의 도움으로부터 감사합니다.(《모두들 감사 당신의 도움으로부터 합니다.》 대신에)

2) 문장의 구성 요소들의 자리 교환(جابه‌جای اجزای جمله)

(1) 강조를 위한 교환(براي تأكيد بر جزء جابه‌جا به شيوه‌ي عادي)

일반 문장의 기본 요소들의 위치는 강조를 위해 보다 많은 경우에 교환된다. 이 경우에 보통 강조할 문장의 기본 요소를 문장의 처음에 나타낸다.

예

- پدرم ديروز منوچهر را به همراه دوستانش در كنار ساحل ديد. (شيوه‌ی عادی)
- منوچهر را پدرم ديروز به همراه دوستانش در كنار ساحل ديد. (تأكيد بر مفعول)
- به همراه دوستانش پدرم ديروز منوچهر را در كنار ساحل ديد. (تأكيد بر متمم قيد)
- در كنار ساحل پدرم ديروز منوچهر را به همراه دوستانش ديد. (تأكيد بر متمم قيد)

☺ 나의 아버지는 어제 마누체흐르를 그의 친구들과 함께 해변에서 봤다.(일반의 방식)

☺ 마누체흐르를 나의 아버지는 어제 그의 친구들과 함께 해변에서 봤다. (목적어를 강조)

☺ 그의 친구들과 함께 나의 아버지는 어제 마누체흐르를 해변에서 봤다. (부사의 추가를 강조)

☺ 해변에서 그의 친구들과 함께 나의 아버지는 어제 마누체흐르를 봤다. (부사의 추가를 강조)

(2) 문학적 측면을 위한 자리 교환(بر جنبه‌ی ادبی كلام می افزايد)

자리 교환을 갖는 문장의 기본 요소의 다른 방법은, 문장의 기본 요소를 위한 자리 교환이 동사 다음, 문장의 끝에 오는 것이다. 이 종류의 교환은 문장을 더욱 부드럽게 하고, 단어의 문학적 측면을 향상시킨다.

① 주어가 동사 다음에 오는 것

- تمام شد اين ماجرا. • بر كدام جنازه زار می زند اين ساز؟

☺ 끝났다 이 사건이. ☺ 어떤 시체를 위하여 울부짖다. 이 악기가?

② 목적어가 동사 다음에 오는 것

- ما دوباره دردل‌هامان خواهيم كاشت نهال اميد را.

☺ 우리는 다시 우리의 마음 안에 심을 것이다 희망의 어린 나무를.

③ 동사의 추가가(자유적인 또는 의무적인) 동사 다음 오는 것

- نمی ترسيد از خشم مردم.

☺ [그는] 두려워 않았다 사람들의 분노로부터.

④ 명사의 추가가 동사 다음 오는 것

- علی نيازی ندارد به لباس جديد (← خداوند به عبادت بندگان نيازی ندارد).

☺ 알리는 필요를 갖지 않는다 새로운 옷에. (= 알리는 새로운 옷에 필요를 갖지 않는다.)

- او بحثی را پیش کشید درباره‌ی شعر (← او بحثی را درباره‌ی شعر پیش کشید).

☺ 그는 논의를 토론했다 시에 대하여. (= 그는 논의를 시에 대하여 토론했다)

⑤ 명사의 형용사가 동사 다음 오는 것

- او مادری بود مهربان (← او مادری مهربان بود).
- به جنگلی رسیدیم نسبتاً انبوه (← به جنگلی نسبتاً انبوه رسیدیم).

☺ 그녀는 엄마였다 친절한. (→ 그녀는 친절한 엄마였다.)

☺ [우리는] 숲에 도착했다 비교적 울창한. (→ [우리는] 비교적 울창한 숲에 도착했다.)

⑥ 보어(명사, 형용사)의 추가가 동사 다음 오는 것

- من راضی ام به رضای خدا (← من راضی به رضای خدایم).
- بهمن برای این کار مناسبتر است از / تا[129] علی (← بهمن برای این کار مناسبتر از علی است).

☺ 나는 만족한다 하나님의 뜻에.(나는 하나님의 뜻에 만족한다.)

☺ 바흐만은 이 일을 위하여 적당하다 알리보다. (바흐만은 이 일을 위하여 알리보다 적당하다.)

⑦ 명사[130]를 설명하는 종속 문장이 동사 다음 오는 것

- سید حرف‌هایی می شنود که باورش نمی شود.

(← سید حرف‌هایی که باورش نمی شود، می شنود)

- این مسئله ای است که به سادگی حل می شود.

(← این مسئله‌ای که به سادگی حل می شود، است)

☺ 싸이드는 약간의 소리를 듣는다 그가 믿지 않는.

(→ 싸이드는 [그가] 믿지 않는 약간의 소리들 듣는다.)

☺ 이것은, 질문이다 단순하게 해결되는. (→ 이것은 단순하게 해결되는 질문이다.)

주의

위 ⑦번의 경우와 같이 설명의 종속 문장은 기초 문장의 동사 다음에 오거나, 동사 전에 와도 문장의 의미는 차이가 없다. 그러나 보통 설명의 종속 문장은 기초 문장의 동사 다음에 온다. 만약 설명의 종속 문장의 동사와 기초 문장의 동사가 동일하다면, 설명의 종속 문장은 기초 문장의 동사 다음 올 수 없다.

예

- این مسئله‌ای که راه حل آن ساده است، است –/← این مسئله‌ای است که راه حل آن ساده است.

---

129 «تا»가 이곳에서는 «از»의 의미로 그리고 전치사의 방식으로 온다. 유일하게 «تا»가 «از» 대신에 비교급 형용사 (مثلاً «مناسبتر»، «بهتر» و . . .)의 추가(علی)와 함께 할 때 동사 다음 위치하는 것이 가능하다.

130 (설명의 추종자들)과 함께 (명사의 그룹 다음의 종속하는) 알게 될 것이다.

• او خانه‌ای که نزدیک به هزار و پانصد متر زیربنا دارد، دارد ←/−

او خانه‌ای دارد که نزدیک به هزار و پانصد متر زیر بنا دارد.

☺ 그것의 해답의 방법이 단순한 이 질문이다. -/ → 이 질문이다 그것의 해답의 방법이 단순한.

☺ 그는 1,500미터 기초를 가진 집을 갖고 있다. -/→ 그는 집을 갖고 있다 1,500미터 기초를 가진.

주의

형용사를 수식하는 부사는 문장의 앞쪽에 올 수 있다.

• تهران شهر <u>بسیار</u> بزرگی است ← تهران <u>بسیار</u> شهر بزرگی است.

• خسرو پسر <u>بسیار</u> عاقلی است ← خسرو <u>بسیار</u> پسر عاقلی است.

☺ 테헤란은 많이 큰 도시이다.

☺ 호쓰로는 현명한 아들 많은 이다.

IV 부록(ضمیمه)

1 연습 문제 풀이(جواب تمرین ها)

1) 연습 문제 1 의 풀이

۱번 문제

① 문장의 동사(فعل جمله): دراز کشیده ام → 복합 동사(فعل مرکب), 현재 완료형

② 동사의 통행(گذر فعل): 통행하지 않는 동사(فعل نا گذر) → 두 부분의 문장(جملهی دو جزئی)

• من میان درختان جنگل، بی خیال دراز کشیده ام. (جملهی دو جزئی)

نهاد / قید / قید / فعل

☺ 나는 나무들과 숲 사이에 생각 없이 드러누웠다.(두 부분의 문장)

۲번 문제

① 문장의 동사(فعل جمله): می بینم

② 동사의 통행(گذر فعل): 목적어 통행(گذرا به مفعول)

→ 목적어와 함께하는 세 부분의 문장(جملهی سه جزئی با مفعول)

• من در کنار ساحل حسین را می بینم. (جملهی سه جزئی)

نهاد / قید / مفعول / فعل

☺ 나는 바닷가 옆에 호세인을 본다.(세 부분의 문장)

۳번 문제 풀이

(1) 첫번째 문장

① 문장의 동사(فعل جمله): نمی رفت

② 동사의 통행(گذر فعل): 통행하지 않는 동사(فعل نا گذر) → 두 부분의 문장(جملهی دو جزئی)

• اگر خورشید نمی رفت. (جملهی دو جزئی)

پیوند وابسته ساز/ نهاد / فعل

☺ 만약 해가 가지 않았다면(두 부분의 문장)

(2) 두 번째 문장

① 문장의 동사(فعل جمله): به دنیا نمی آمدند → 복합 동사(فعل مرکب)

② 동사의 통행(گذر فعل): 통행하지 않는 동사(فعل نا گذر) → 두 부분의 문장(جملهی دو جزئی)

• ستارهها به دنیا نمی آمدند. (جملهی دو جزئی)

نهاد / فعل

☺ 별들은 세상에 오지 않았을 것이다.(두 부분의 문장)

۴번 문제 풀이

(1) 첫 번째 문장

① 문장의 동사(فعل جمله): می شود

② 동사의 통행(گذر فعل): 통행하지 않는 동사(فعل ناگذر) → 두 부분의 문장(جملهی دو جزئی)

• وقتی که صبح می شود. (جملهی دو جزئی)

پیوند وابسته ساز/نهاد / فعل

☺ 아침이 될 때(두 부분의 문장)

(2) 두 번째 문장

① 문장의 동사(فعل جمله): می پژمرند

② 동사의 통행(گذر فعل): 통행하지 않는 동사(فعل ناگذر) → 두 부분의 문장(جملهی دو جزئی)

• ستاره‌ها می پژمرند. (جملهی دو جزئی)

نهاد / فعل

☺ 별들은 흐릿해진다.(두 부분의 문장)

۵번 문제 풀이

(1) 첫 번째 문장

① 문장의 동사(فعل جمله): می آید

② 동사의 통행(گذر فعل): 통행하지 않는 동사(فعل ناگذر) → 두 부분의 문장(جملهی دو جزئی)

• علی که می آید. (جملهی دو جزئی)

نهاد/ پیوند وابسته ساز/ فعل

☺ 알리가 왔을 때(두 부분의 문장)

(2) 두 번째 문장

① 문장의 동사(فعل جمله): می شوم

② 동사의 통행(گذر فعل): 보어에 통행(گذرا به مسند)

→ 보어와 함께하는 세 부분의 문장(جملهی سه جزیی با مسند)

• من خوشحال می شوم. (جملهی سه جزئی)

نهاد/ مسند/ فعل

☺ 나는 기쁘다.(세 부분의 문장)

۶번 문제 풀이

(1) 첫 번째 문장

① 문장의 동사(فعل جمله): می خندی

② 동사의 통행(گذر فعل): 통행하지 않는 동사(فعل ناگذر) → 두 부분의 문장(جملهی دو جزئی)

③ 주어(نهاد): تو(생략되었다)

• وقتی که [تو] می خندی. (جملهی دو جزئی)

پیوند وابسته ساز/ نهاد حذف شده / فعل

☺ [네가] 웃었을 때(두 부분의 문장)

(2) 두 번째 문장

① 문장의 동사(فعل جمله): می ریزد

«اشک»를 확장할 수 있기 때문에 «اشک می ریزد»는 복합 동사가 아니다.

예: 비탄의 눈물/ 많은 눈물을, ……흘리다. (اشک حسرت / اشک بسیار و . . .می ریزد)

② 동사의 통행(گذر فعل): 목적어에 통행(گذرا به مفعول)

→ 목적어와 함께하는 세 부분의 문장(جمله‌ی سه جزئی با مفعول)

• غم اشک می ریزد.(جمله‌ی سه جزئی)

نهاد / مفعول / فعل

☺ 슬픔은 눈물을 흘리다.(세 부분의 문장)

7번 문제 풀이

(1) 첫 번째 문장

① 문장의 동사(فعل جمله): هستم

② 동사의 통행(گذر فعل): 보어에 통행(گذرا به مسند)

→ 보어와 함께하는 세 부분의 문장(جمله‌ی سه جزیی با مسند)

③ 주어(نهاد): من(생략되었다)

• [من] عاشق بارانی هستم. (جمله‌ی سه جزئی)

نهاد حذف شده / مسند / فعل

☺ [나는] 비의 사랑이다.(세 부분의 문장)

(2) 두 번째 문장

① 문장의 동사(فعل جمله): می ریزد

② 동사의 통행(گذر فعل): 목적어에 통행(گذرا به مفعول)

→ 목적어와 함께하는 세 부분의 문장(جمله‌ی سه جزئی با مفعول)

③ 주어(نهاد): آن(생략되었다)

• [آن = آن باران]بر سراب می بارد. (جمله‌ی سه جزئی)

نهاد حذف شده / قید / فعل

☺ [그것 = 그 비는] 신기루 위에 내리다.(세 부분의 문장)

8번 문제 풀이

① 문장의 동사(فعل جمله): نمی درخشید

② 동사의 통행(گذر فعل): 통행하지 않는 동사(فعل نا گذر) → 두 부분의 문장(جمله‌ی دو جزئی)

• سراب نیز از شدت تشنگی دیگر نمی درخشید. (جمله‌ی دو جزئی)

نهاد / قید / قید / قید / فعل

☺ 신기루는 또한 목마름의 고난으로부터 더 이상 빛나지 않았다.(두 부분의 문장)

۹번 문제 풀이

① 문장의 동사(فعل جمله): می دهد

② 동사의 통행(گذر فعل): 추가와 목적어에 통행(گذرا به مفعول و متمم)

→ 추가 및 목적어와 함께하는 네 부분의 문장(جملهی چهار جزئی با مفعول و متمم)

متمم قیدی　　متمم اختیاری

• در راهروی دانشکده زهره به فریده کتاب می دهد. (جملهی چهار جزئی)

قید　/ نهاد / متمم / مفعول / فعل

☺ 대학의 출입구에서 조흐레는 파리데에게 책을 준다.(네 부분의 문장)

۱۰번 문제 풀이

① 문장의 동사(فعل جمله): می شوم

② 동사의 통행(گذر فعل): 보어에 통행(گذرا به مسند)

→ 보어와 함께하는 세 부분의 문장(جملهی سه جزیی با مسند)

• [من] با صدای پایت بیدار می شوم. (جملهی سه جزئی)

نهاد حذف شده / قید / مسند / فعل

☺ [나는] 너의 소리를 듣는 것으로 깨어나다.(세 부분의 문장)

۱۱번 문제 풀이

① 문장의 동사(فعل جمله): شنا نمی کنم → 복합 동사(فعل مرکب)

② 동사의 통행(گذر فعل): 통행하지 않는(فعل ناگذر) → 두 부분의 문장(جملهی دو جزئی)

• [من] در استخر هم شنا نمی کنم. (جملهی دو جزئی)

نهاد حذف شده / قید / قید / فعل

☺ 나는 연못 안에서 또한 수영하지 않는다.(두 부분의 문장)

2) 연습 문제 2 의 풀이

목적어에 통행하는 동사들은 아래와 같다.

آزردن، خوردن، آشامیدن، پسندیدن، لیسیدن، جستن، دیدن، جوشاندن، ترکاندن، تکاندن، ساختن، گزیدن، ورزیدن، برافراشتن، دریافتن، انجام دادن، نگاه داشتن، دم کردن، به عمل آوردن، به وحشت انداختن، به جا گذاشتن

주의

위의 목적어에 통행하는 모든 동사들 가운데 유일하게 동사 «ورزیدن»은 목적어의 안내 기호 «را»와 함께 하지 않는다.

(3) 연습 문제 3의 풀이

۱번 문제

(1) 첫 번째 문장

① 첫 번째 문장의 동사(فعل جملهی اول): راحت کند → 복합 동사(فعل مرکب)

② 동사의 통행(گذر فعل): 목적어에 통행(گذرا به مفعول)

→ 목적어와 함께하는 세 부분의 문장(جملهی سه جزئی با مفعول)

③ 목적어(مفعول): خود (목적어의 안내 기호 «را»로부터 목적어를 찾는다. 표12 안에 d를 참조)

④ 주어(نهاد): علی (**두 부분의 문장**에서 주어를 찾는 방법을 참조하라)

(2) 두 번째 문장

① 두 번째 문장의 동사(فعل جملهی دوم): می کشد → 단순 동사(فعل ساده)

«فریاد»를 확장할 수 있기 때문에 «فریاد می کشد»는 복합 동사가 아니다.

예: 외침들/ 희망의 외침들 /큰 외침들을… (فریادها / فریاد پر امیدی / فریاد بلندی / . . .می کشد)

② 동사의 통행(گذر فعل) : 목적어에 통행(گذرا به مفعول)

→ 목적어와 함께하는 세부분의 문장(جملهی سه جزئی با مفعول)

③ 목적어: فریاد (동사에 가까운 명사가 목적어이다. 표12 안에 d-1의 ③을 참조)

④ 주어(نهاد): علی[131]

☺ 알리는 자신을 안락하게 하기 위해 소리를 지른다.

۲번 문제 풀이

① 문장의 동사(فعل جمله): می سازد → 단순 동사(فعل ساده)

«آشیانه»를 확장할 수 있기 때문에 «آشیانه می سازد»는 복합 동사가 아니다.

예: 아름다운/ 자신의 둥지를…지었다.(آشیانهای زیبا / آشیانهی خود را / . . . می سازد)

② 동사의 통행(گذر فعل): 목적어에 통행(گذرا به مفعول)

→ 목적어와 함께하는 세 부분의 문장(جملهی سه جزئی با مفعول)

③ 목적어: آشیانه (목적어의 안내 기호 «را»로부터 목적어를 찾는다. 표12 안에 d를 참조)

④ 주어(نهاد): پرنده ی منزوی

☺ 은둔한 새는 하나의 나무 위에 둥지를 만든다.

---

[131] 두 문장의 주어는 모두 «علی»이다. 즉 다시 말하면, 명사의 그룹 «علی»가 두 역할을 떠맡는다.:

① 첫 번째 문장의 주어

② 두 번째 문장의 주어

만약 두 번째 문장(종속 문장)의 주어가 생략되었다면, 이 주어를 생략된 인칭 대명사로 기억한다.

جملهی پایه　　　جملهي پيرو

• علی، برای این که [او = علی] خود را راحت کند، فریاد می کشد.

نهاد جملهی پایه　　　نهاد حذف شدهی جملهی پیرو

۳번 문제 풀이

(1) 첫 번째 문장

① 첫 번째 문장의 동사(فعل جمله ی اول): می کند → 단순 동사(فعل ساده)

«نغمه سرایی»를 확장할 수 있기 때문에 «نغمه سرایی می کند»는 복합 동사가 아니다.

예: 증대들/ 끝이 없는 증대를…하다.(نغمه سرایی ها / نغمه سرایی بی انتهایی/. . . می کند)

② 동사의 통행(گذر فعل): 목적어에 통행(گذرا به مفعول)

→ 목적어와 함께하는 세 부분의 문장(جمله‌ی سه جزئی با مفعول)

③ 목적어(مفعول): نغمه سرایی (표12안에 d-1의 ③을 참조)

④ 주어(نهاد): سرچشمه

(2) 두 번째 문장

① 두 번째 문장의 동사(فعل جمله‌ی دوم): ادامه می دهد → 복합 동사(فعل مرکب)

② 동사의 통행(گذر فعل) : 목적어에 통행(گذرا به مفعول)

→ 목적어와 함께하는 세 부분의 문장(جمله‌ی سه جزئی با مفعول)

③ 목적어(مفعول): «ـَ ش» → 연결된 대명사(ضمیر پیوسته)의 목적어 (표12 1의 d-1의 ①을 참조)

④ 주어(نهاد): رودخانه

☺ 수원은 노래를 하고, 강은 그것을 이어간다.

۴번 문제 풀이

(1) 첫 번째 문장

① 첫 번째 문장의 동사(فعل جمله‌ی اول): هستم → 단순 동사(فعل ساده)

② 동사의 통행(گذر فعل): 보어에 통행(گذرا به مسند)

→ 보어와 함께하는 세 부분의 문장(جمله‌ی سه جزئی با مسند)

③ 보어(مسند): تشنه تر از آن

(2) 두 번째 문장

① 두 번째 문장의 동사(فعل جمله‌ی دوم): ننوشم → 단순 동사(فعل ساده)

② 동사의 통행(گذر فعل) : 목적어에 통행(گذرا به مفعول)

→ 목적어와 함께하는 세 부분의 문장(جمله‌ی سه جزئی با مفعول)

③ 목적어(مفعول): 여기서는 목적어가 생략되었다[132].(این جمله مفعول حذف شده است)

예: 신기루로부터 마시지 않았다 = 신기루로부터 [물을/ 한 모금을/ 어떤 것을] 마시지 않았다. (از سراب ننوشم = از سراب [آبی / جرعه‌ای / چیزی / . .] ننوشم)

④ 주어(نهاد): من(여기에서 주어는 생략되었다)

☺ [나는] 그것보다 목마르다. → 그것 = 신기루로부터 [물을/ 한 모금을 / 어떤 것을] 마시지 않는 것

[132] 지적인 대칭에 생략으로 목적어는 생략되었다. PAGE 127 을 참조하라.

주의

어떤 경우에, 문장의 목적어는 지적인 대칭에 생략된다. 이 경우 대부분의 문장 안에 하나의 추가가 전치사 «جز» 또는 «از»와 함께 생략된 목적어를 지적 대칭으로 찾을 수 있도록 존재하고, 추가에 대하여 애매한 명사(چیزی)를 목적어 대신에 문장 안에 가질 수 있다.

· **몇 개의 예:**

- از این غذا بخور= از این غذا[چیزی] بخور.
- از پدرم بگو = از پدرم [چیزی] بگو.
- از این سوپ هم بچش = از این سوپ هم [چیزی] بچش.
- جز سخن حق بر زبان نیاور = جز سخن حق [چیزی] بر زبان نیاور.

☺ 이 음식으로부터 먹어라 = 이 음식으로부터 [어떤 것을] 먹어라.

☺ 나의 아버지로부터 말하라 = 나의 아버지로부터 [어떤 것을] 말하라.

☺ 이 스프로부터 또한 맛보아라 = 이 스프로부터 또한 [어떤 것을] 맛보아라.

☺ 정당한 말을 제외하고 언급하지 말라. = 정당한 말을 제외하고 [어떤 것을] 언급하지 말라.

۵번 문제의 풀이

① 문장의 동사(**فعل جمله**): **دنبال می کند** → 복합 동사(**فعل مرکب**)

② 동사의 통행(**گذر فعل**): 목적어에 통행(**گذرا به مفعول**)

→ 목적어와 함께하는 세 부분의 문장(**جملهی سه جزئی با مفعول**)

③ 목적어(**مفعول**): **راه موفقیت** (표12 안에 d를 참조)

④ 주어(**نهاد**): **حسن**

☺ 하싼은 항상 성공의 길을 추구한다.

۶번 문제 풀이

① 문장의 동사(**فعل جمله**): **کشیدم** → 단순 동사(**فعل ساده**)

② 동사의 통행(**گذر فعل**): 목적어에 통행(**گذرا به مفعول**)

→ 목적어와 함께하는 세 부분의 문장(**جملهی سه جزئی با مفعول**)

③ 목적어(**مفعول**): **آب از چاه** (표12 안에 d-1의 ③을 참조)

④ 주어(**نهاد**): **من**

☺ 나는 우물의 물을 퍼올렸다.

۷번 문제 풀이

① 문장의 동사(**فعل جمله**): **یافت** → 단순 동사(**فعل ساده**)

«رواج»를 확장할 수 있기 때문에 «رواج یافت»는 복합 동사가 아니다.

예: 많은 보급을/ 나날이 증가하는 보급을… 얻었다.(رواج بسیار / رواج روزافزون / . . . یافت)

② 동사의 통행(گذر فعل) : 목적어에 통행(گذرا به مفعول)

→ 목적어와 함께하는 세 부분의 문장(جملهی سه جزئی با مفعول)

③ 목적어(مفعول): رواج (표12 안에 d-1의 ③을 참조)

④ 주어(نهاد): استفاده از اتومبیل

☺ 세계 1차 대전 후 자동차의 활용은 이란 안에 보급을 얻었다.

۸번 문제 풀이

① 문장의 동사(فعل جمله): تأکید کرد → 복합 동사(فعل مرکب)

② 동사의 통행(گذر فعل) : 추가에 통행(گذرا به متمم)

→ 추가와 함께하는 세 부분의 문장(جملهی سه جزئی با متمم)

③ 추가(متمم): آرمانهای خود

④ 주어(نهاد): داریوش

☺ 더리우쉬는 자신의 목표에 대하여 강조하였다.

۹번 문제 풀이

① 문장의 동사(فعل جملهی): می پرستیم → 단순 동사(فعل ساده)

② 동사의 통행(گذر فعل): 목적어에 통행(گذرا به مفعول)

→ 목적어와 함께하는 세 부분의 문장(جملهی سه جزئی با مفعول)

③ 목적어(مفعول): خدا (표12 안에 d를 참조)

④ 주어(نهاد): ما

☺ 우리는 하나님을 경배합니다.

۱۰번 문제 풀이

① 문장의 동사(فعل جملهی) می دانم → 단순 동사(فعل ساده)

② 동사의 통행(گذر فعل): 목적어에 통행(گذرا به مفعول)

→ 목적어와 함께하는 세 부분의 문장(جمله ی سه جزئی با مفعول)

③ 목적어(مفعول): این خبر (표12 안에 d를 참조)

④ 주어(نهاد): علی

☺ 알리는 이 소식을 안다.

(4) 연습 문제 4의 풀이

۱- آن زن به مهارت خود می بالد. (جملهی سه جزئی با متمم)

نهاد / متمم / فعل گذرا به متمم

☺ 그녀는 자신의 솜씨에 자랑하다. (추가와 함께하는 세 부분의 문장)

۲- او از گرانی هزینه زندگی نالید. (جمله‌ی سه جزئی با متمم (جانشین مسند))
نهاد / متمم جانشین مسند فعل گذرا به مسند

☺ 그는 높은 생활비용 때문에 불평했다. (추가와 함께하는 세 부분의 문장(보어 대신에))

۳- آنها به مشکلات زیادی برخوردند. (جمله‌ی سه جزئی با متمم)
نهاد / متمم / فعل گذرا به متمم

☺ 그들은 많은 어려움에 직면했다.(추가와 함께하는 세 부분의 문장)

۴- حسن به مدرسه بازگشت. (جمله‌ی سه جزئی با متمم)
نهاد / متمم / فعل گذرا به متمم

☺ 하싼은 학교에 돌아갔다. (추가와 함께하는 세 부분의 문장)

۵- دایی کت خود را به دیوار آویخت.
نهاد /مفعول/ متمم فعل فعل گذرا به مفعول و متمم

☺ 외삼촌은 자신의 코트를 벽에 걸었다. (추가 및 목적어와 함께하는 네 부분의 문장)

۶- آن مرد از گناه پاک شد. (جمله‌ی سه جزئی با متمم)
نهاد / متمم / فعل گذرا به متمم

☺ 그 남자는 죄로부터 깨끗해졌다. (추가와 함께하는 세 부분의 문장)

۷- او با دوستش کنار آمد. (جمله‌ی سه جزئی با متمم)
نهاد / متمم / فعل گذرا به متمم

☺ 그는 자신의 친구와 화해했다. (추가와 함께하는 세 부분의 문장)

۸- پدربزرگم پول خود را به بانک پرداخت. (جمله‌ی سه جزئی با مفعول ومتمم)
نهاد /مفعول/ متمم فعل فعل گذرا به مفعول و متمم

☺ 나의 할아버지는 자신의 돈을 은행에 갚았다. (추가 및 목적어와 함께하는 네 부분의 문장)

۹- آن بچه آب را در کوزه ریخت. (جمله‌ی سه جزئی با مفعول ومتمم)
نهاد /مفعول/ متمم فعل فعل گذرا به مفعول و متمم

☺ 그 어린아이는 물을 물주전자에 부었다. (추가 및 목적어와 함께하는 네 부분의 문장)

۱۰- پسرکامران از نزدیک شدن به آتش پرهیز می کند. (جمله‌ی سه جزئی با متمم)
نهاد / متمم فعل / متمم اسم / فعل گذرا به متمم

☺ 컴런의 아들은 불에 가깝게 되는 것으로부터 자제하다.(추가와 함께하는 세 부분의 문장)

주의

١٠번 문제 (آتش)는 동사의 추가가 아니다. 명사 (نزدیک)에 대한 명사의 추가이다.

(5) 연습 문제 5의 풀이

١- شهر شیراز به علمای خود می نازید. (جملهی سه جزئی با متمم)

نهاد / متمم / فعل گذرا به متمم

☺ 쉬라즈 도시는 자신의 학자들에 자랑한다. (추가와 함께하는 세 부분의 문장)

٢- اسکلهی معروف خارک به شکل T است. (جملهی سه جزئی با متمم (جانشین مسند))

نهاد / متمم جانشین مسند فعل گذرا به مسند

☺ 허라크의 유명한 방파제는 T자 모양으로 있다. (추가와 함께하는 세 부분의 문장(보어 대신에))

[اسکلهی معروف خارک] اسکله ی T نام دارد. (جملهی سه جزئی با مسند)

نهاد حذف شده / مسند / فعل گذرا به مسند

☺ [허라크의 유명한 방파제는] T의 방파제라 불린다. (보어와 함께하는 세부분의 문장)

٣- انجام هر واکنش شیمیایی با مبادلهی انرژی همراه است. (جملهی سه جزئی با مسند)

نهاد / متمم مسند / مسند / فعل گذرا به مسند

☺ 화학의 모든 반응의 수행은 에너지 교환과 함께 한다. (보어와 함께하는 세 부분의 문장)

٤- ید جامد به رنگ بنفش مایل به سیاه است. (جملهی سه جزئی با متمم (جانشین مسند)).

نهاد / متمم جانشین مسند / فعل گذرا به مسند

☺ 응결된 요오드는 검정색과 같은 보라색으로 있다.(추가와 함께하는 세 부분의 문장(보어 대신에))

نهاد مسند فعل گذر به مسند

٥- تا چند دقیقهی دیگر مشخص می شود که شمارهی برنده در قرعه کشی کدام است.

قید مسند فعل گذرا به مسند پیرو نهادی

(جملهی سه جزئی با مسند)

☺ 다른(다음) 몇 분까지 확정된다. 제비뽑기 안에 승리자의 번호가 어떤 것인지 (보어와 함께하는 세부분의 문장)

٦- او از خانه در آمد.(جملهی سه جزئی با متمم)

نهاد/متمم / فعل گذرا به مسند

☺ 그는 집으로부터 나왔다. (추가와 함께하는 세 부분의 문장)

۷- همه ی مردم می خواهد. (جملهی سه جزئی با مفعول)
نهاد / فعل گذرا به مفعل

☺ 모든 사람들은 원한다. (목적어와 함께하는 세 부분의 문장)

صلح شود(شود: اتفاق بیفتد). (جمله ی دو جزیی)
نهاد / فعل ناگذر

☺ 휴전(평화)이 일어나다. (두 부분의 문장)

دوباره امنیت و آسایش در کشور برقرار گردد (گردد = بشود). (جملهی سه جزئی با مسند)
قید نهاد قید مسند فعل گذرا به مسند

☺ 다시 평화와 안정이 나라 안에 견고하게 되다. (보어와 함께하는 세 부분의 문장)

صفت متمم صفت متمم مسند
۸- گرمای حاصل از سوختن چوب یا نفت از چه ناشی میشود؟ (جملهی سه جزئی با مسند)
نهاد مسند فعل گذرا به مسند

☺ 석유 또는 나무의 탄 것으로부터 얻은(결과의) 열은 어떤 결과가 되는가?
(보어와 함께하는 세 부분의 문장)

۹- خانه ات پر از گل است. (جملهی سه جزئی با مسند)
نهاد /صفت/ متمم صفت فعل گذرا به مسند

☺ 너의 집이 꽃들로 가득차다. (보어와 함께하는 세 부분의 문장)

۱۰- خشکسالي به حدی نزدیک شده بود. (جملهی سه جزئی با مسند)
نهاد / قید / مسند/ فعل گذرا به مسند

☺ 가뭄은 한계에 가깝게 되었다. (보어와 함께하는 세 부분의 문장)

چشم سراب پر از اشک شوق بود. (جملهی سه جزئی با مسند)
نهاد / مسند/ فعل گذرا به مسند

☺ 신기루의 눈은 강한 슬픔으로 가득했다. (보어와 함께하는 세 부분의 문장)

(6) 연습 문제 6의 풀이

추가와 목적어에 통행하는 동사 (گذرا به مفعول و متمم)	추가에 통행하는 동사 (فعل گذرا به متمم)	목적어에 통행하는 동사 (فعل گذرا به مفعول)	통행하지 않는 동사 (فعل نا گذر)
آویختن (آویزان شدن)، انگیختن، پذیرفتن، گرفتن، دادن، زدن، خواستن (طلب کردن)، گذاشتن، پرسیدن، افکندن، نهادن، در میان نهادن،	رنجیدن، خوابیدن، آمیختن (مخلوط کردن)، آموختن، انگیختن، گنجاندن، گنجیدن ، گذاشتن، گماشتن، روییدن ، ماندن (شبیه بودن)، انداختن ، بالیدن (افتخار کردن)، نالیدن (ناله و زاری کردن)، پرداختن (اقدام کردن)، نگریستن، نازیدن، نالیدن (شکایت کردن)، کاشتن ، افزودن، کاستن، چسبیدن، رسیدن، رهیدن، گریختن، برخاستن، درساختن ، درآمیختن (مخلوط شدن)، درآویختن (گلاویز شدن)، دست زدن	آزردن، انگیختن، دادن، خوردن، خواندن، کردن، سپردن،بخشیدن (عفو کردن)، بوییدن، کوبیدن، بوسیدن، پرداختن (دادن)، شناختن، کندن، نوشتن، یافتن، ستودن، سرودن، سنجیدن، رساندن، راندن (دور کردن)، راندن (هدایت وسیلهی نقلیه)، پوشیدن، توانستن، پسندیدن، برچیدن، دریافتن، نشان دادن، قرار دادن، هدر دادن، نجات دادن، دست انداختن، به پا داشتن، به سر رسیدن	وزیدن، خزیدن، پوسیدن، پژمردن، بالیدن (رشد کردن)، خندیدن (متضاد گریستن)، سوختن، خزیدن، لرزیدن، برگشتن، در رفتن، به راه افتادن

(7) 연습 문제 7의 풀이

۱번 문제

① 문장의 동사(فعل جمله): آویخته بود[133] (آویزان کرده بود)

② 동사의 통행(گذر فعل): 추가와 목적어에 통행(گذرا به مفعول و متمم)

→ 추가 및 목적어와 함께하는 네 부분의 문장(جملهی چهار جزئی با مفعول و متمم)

③ 의무적인 추가(متمم اجباری): گردنش, ④ 목적어(مفعول): گردن‌بندی از ستارگان (را),

⑤ 주어(نهاد): بانوی ماه

☺ 미녀 부인은 별들로 된 목걸이를 자신의 목에 다 걸었다.

۲번 문제

① 문장의 동사(فعل جمله): سپردم

---

133 확실하게 알아야 한다. 동사 «بود»는 이곳에서 '과거 완료 시제(ماضی بعید)'의 조동사이고, 부정사 «آویختن»로부터 기본 동사가 있다. 부정사 «بودن»은 기본 동사가 아니다.

② 동사의 통행(گذر فعل): 추가와 목적어에 통행(گذرا به مفعول و متمم)

→ 추가 및 목적어와 함께하는 네 부분의 문장(جملهی چهار جزئی با مفعول و متمم)

③ 의무적인 추가(متمم اجباری): دست سرنوشت, ④ 목적어(مفعول): خودم,

⑤ 주어(نهاد): «من» («من»는 생략되었다: «من» که حذف شده است)

☺ [나는] 스스로를 운명의 권위에 맡겼다.

۳번 문제

① 문장의 동사(فعل جمله): به خاک می سپارد → 복합 동사(فعل مرکب)

«به خاک می سپارد»에서 «خاک»를 확장할 수 없기 때문에 «خاک»는 동사의 부분이 된다. «به خاک میسپارد»는 위의 연습문제 7의 2번 안에 «سرنوشت»과 반대된다. «سرنوشت»는 확장할 수 있기 때문에 동사의 부분이 아니다.

예: 나 자신을 나의 운명/ 나의 불길한 운명의 손에…맡기다.

(خودم را به دست سرنوشتم / سرنوشت شومم / و . . . سپردم)

② 동사의 통행(گذر فعل): 목적어에 통행(گذرا به مفعول)

→ 목적어와 함께하는 세 부분의 문장(جملهی سه جزئی با مفعول)

③ 목적어(مفعول): خاک,

④ 주어(نهاد): خشک سالی

☺ 가뭄은 바다를 매장시킨다.

۴번 문제

① 문장의 동사(فعل جمله): می گریزد → 단순 동사(فعل ساده)

② 동사의 통행(گذر فعل): 추가에 통행(گذرا به متمم)

→ 추가와 함께하는 세 부분의 문장(جملهی سه جزئی با متمم)

③ 의무적인 추가(متمم اجباری): خطوط موازی,

④ 주어(نهاد): نقطه تلاقی

☺ 만남의 점은 평행한 선들로부터 도주한다.

۵번 문제

(1) 첫번째 문장

① 문장의 동사(فعل جمله): نگیرید → 단순 동사(فعل ساده)

«انتقام»을 확장하는 것이 가능하기 때문에 «انتقام نگیرید»은 복합 동사가 아니다.

예: 엄한 보복을/ 그의 일들의 보복을…취하지 말라.

(انتقام شدید / انتقام کارهایش را / و . . . نگیرید)

② 동사의 통행(گذر فعل): 추가와 목적어에 통행(گذرا به مفعول و متمم)

→ 추가 및 목적어와 함께하는 네 부분의 문장(جملهی چهار جزئی با مفعول و متمم)

③ 의무적인 추가(متمم اجباری): دشمنتان[134], ④ 목적어(مفعول): انتقام,

⑤ 주어(نهاد): «شما»(«شما»는 생략되었다.(«شما» که حذف شده است))

(2) 두 번째 문장

① 문장의 동사(فعل جمله): می رسانید → 단순 동사(فعل ساده)

«آسیب»을 확장하는 것이 가능하기 때문에 «آسیب می رسانید»은 복합 동사가 아니다.

예: 영혼의/ 신체의 손해를…도달케 한다(آسیب روحی / جسمی / و . . . می رسانید)

② 동사의 통행(گذر فعل): 추가와 목적어에 통행(گذرا به مفعول و متمم)

→ 추가 및 목적어와 함께하는 네 부분의 문장(جملهی چهار جزئی با مفعول و متمم)

③ 의무적인 추가(متمم اجباری): خودتان, ④ 목적어(مفعول): آسیب,

⑤ 주어(نهاد): «شما»(«شما»는 생략되었다. :«شما» که حذف شده است)

☺ 적들에게 보복을 취하지 말라 그보다 많이 당신 자신에게 손해를 도달케 하기(끼칠 수 있기) 때문에.

۶번 문제

① 문장의 동사(فعل جمله): پرداخته است = داده است → 단순 동사(فعل ساده)

② 동사의 통행(گذر فعل): 추가와 목적어에 통행(گذرا به مفعول و متمم)

→ 추가 및 목적어와 함께하는 네 부분의 문장(جملهی چهار جزئی با مفعول و متمم)

③ 의무적인 추가(متمم اجباری): کشورهای خارجی, ④ 목적어(مفعول): تمام وامهای خود ,

⑤ 주어(نهاد): دولت

☺ 정부는 스스로의 모든 차관을 정해진 시간에 외국의 나라들에게 다 갚았다.

۷번 문제

① 문장의 동사(فعل جمله): پرداخته است = اقدام کرده است، مشغول شده است → 단순 동사(فعل ساده)

② 동사의 통행(گذر فعل): 추가에 통행(گذرا به متمم)

→ 추가와 함께하는 세 부분의 문장(جملهی سه جزئی با متمم)

③ 의무적인 추가(متمم اجباری): کشورهای خارجی, ④ 목적어(مفعول): تمام وامهای خود ,

⑤ 주어(نهاد): دولت

☺ 정부는 외국 전문가들의 도움으로 국민의 큰 이 계획의 완성에 다 수행했다.

---

[134] «انتقام»은 명사의 추가를 원한다. 그러므로 «دشمنتان»를 명사 «انتقام»에 대한 명사의 추가로 생각할 수 있다. 그러나 동사 «گرفتن»이 영어의 'to take'의 의미로 사용될 때 항상 전용 전치사 «از»와 함께 동사의 추가를 갖는다. 따라서 이 문장 안에 동사의 추가는 항상 고정이지만, 목적어인 명사의 추가는 고정이 아니므로, 명사 «انتقام»은 동사 «گرفتن»의 추가로 생각한다. 만약 이 문장 안에 목적어가 다른 단어, 즉 추가를 필요로 하지 않는 단어가 오면, 목적어에 대한 추가는 필요하지 않다.

۸번 문제

① 문장의 동사(فعل جمله): می دهند → 단순 동사(فعل ساده)

② 동사의 통행(گذر فعل): 추가와 목적어에 통행하는 동사 (گذرا به مفعول و متمم)

→ 추가 및 목적어와 함께하는 네 부분의 문장 (جملهی چهار جزئی با مفعول و متمم)

③ 의무적인 추가(:متمم اجباری): ناهمواری های پدید آمده بر سطح زمین,

④ 목적어(مفعول): شکل

⑤ 주어(نهاد): عوامل فرسایش

☺ 침식의 요소들은 땅의 표면 위에 나타난 평지가 아닌 곳에 모양을 준다.

۹번 문제

① 문장의 동사(فعل جمله): می کند → 단순 동사(فعل ساده)

«دخالت»을 확장하는 것이 가능하기 때문에 «دخالت می کند»은 복합 동사가 아니다

② 동사의 통행(گذر فعل): 목적어에 통행(گذرا به مفعول)

→ 목적어와 함께하는 세 부분의 문장(جملهی سه جزئی با مفعول)

③ 목적어(مفعول): دخالت,

④ 주어(نهاد):فرسایش

☺ 침식은 평지가 아닌 모양의 변화에 간섭한다(일어난다).

주의

이 문장 안에 «دخالت»은 목적어이고, «تغییر شکل ناهمواری ها»은 목적어로 사용된 명사 «دخالت»에 대한 명사의 추가(متمم اسم)이다.

۱۰번 문제

① 문장의 동사(فعل جمله): رساند → 단순 동사(فعل ساده)

«تصویب»을 확장하는 것이 가능하기 때문에 «به تصویب رساند»은 복합 동사가 아니다.

예: 최후의 / 스스로의 비준에…이르다. (به تصویب قطعی / خود / و . . .رساند.)

② 동사의 통행(گذر فعل): 추가와 목적어에 통행(گذرا به مفعول و متمم)

→ 추가 및 목적어와 함께하는 네 부분의 문장 (جملهی چهار جزئی با مفعول و متمم)

③ 의무적인 추가(متمم اجباری): تصویب, ④ 목적어(مفعول): سه لایحه,

⑤ 주어(نهاد): هیئت دولت

☺ 오늘날 내각은 세 개의 법안들을 비준(허가)에 이르다.

(8) 연습문제 8의 풀이

۱번 문제

① 문장의 동사(فعل جمله): کشید

→ «دیوار»를 확장할 수 있기 때문에 «دیوارکشید»은 복합 동사가 아니다.

예: 높은/ 콘크리트의 벽을…빼냈다(دیوار بلندی / بتونی / و . . . کشید)

② 문장은 두 개의 목적어를 갖는다.

→ 두 개의 목적어와 함께하는 네 부분의 문장(جملهی چهارجزئی با دو مفعول)

③ 목적어(مفعول): «را»가 있는 목적어(«را»یی): دور تا دور باغ;

«را»가 없는 목적어(مفعول بی «را»): دیوار

④ 주어(نهاد): پدربزرگم

☺ 나의 할아버지는 과수원 주변을 담[을] 만들었다.

۲번 문제

① 문장의 동사(فعل جمله): کرده بود

→ «آرایش»를 확장할 수 있기 때문에 «آرایش کرده بود»은 복합 동사가 아니다.

예: 간결한/ 놀라운/ 진한 화장을… 하다.(آرایش مختصری / عجیبی / غلیظی و . . . کرده بود)

② 문장은 두 개의 목적어를 갖는다.

→ 두 개의 목적어와 함께하는 네 부분의 문장(جملهی چهارجزئی با دو مفعول)

③ 목적어(مفعول): «را»가 있는 목적어(«را»یی): صورتش;

«را»가 없는 목적어(مفعول بی «را»): آرایش

④ 주어(نهاد): مژگان

☺ 모즈건은 그의 얼굴을 화장[을] 했었다.

۳번 문제

① 문장의 동사(فعل جمله): کن

→ «پست»를 확장할 수 있기 때문에 «پست کن»은 복합 동사가 아니다.

예: 등기의/ 보통의/ 항공 우편을…하다.(پست سفارشی/ عادی / هوایی / و . . .کن)

② 문장은 두 개의 목적어를 갖는다.

→ 두 개의 목적어와 함께하는 네 부분의 문장(جملهی چهارجزئی با دو مفعول)

③ 목적어(مفعول): «را»가 있는 목적어(«را»یی): این نامه;

«را»가 없는 목적어(مفعول بی «را»): پست

④ 주어(نهاد): تو (생략되었다.: «تو» که حذف شده است)

☺ [너는] 제발 이 편지를 나를 위하여 우편[을] 하라(해다오).

۴번 문제

① 문장의 동사(فعل جمله): ایجاد کرد → « ایجاد کرد »은 복합 동사이다.

② 동사의 통행(گذرابه فعل): 목적어에 통행(گذرا به مفعول)

→ 목적어와 함께하는 세 부분의 문장(جملهی سه جزئی با مفعول)

③ 목적어(مفعول): دردسرهایی

④ 주어(نهاد): حرف‌های شما

☺ 당신의 말들이 우리를 향하여 불편함들을 일으켰다.

۵번 문제

① 문장의 동사(فعل جمله): شکست خواهیم داد

→ «شکست»를 확장할 수 있기 때문에 «شکست خواهیم داد»은 복합 동사이다.

예: 어려운/ 치명적인 패배를… 줄 것이다.(شکست سختی / مهلکی / و . . . خواهیم داد)

② 문장은 두 개의 목적어를 갖는다.

→ 두 개의 목적어와 함께하는 네 부분의 문장(جمله‌ی چهارجزئی با دو مفعول)

③ 목적어(مفعول): «را»가 있는 목적어(«را»یی): دشمنان خود;

«را»가 없는 목적어(مفعول بی «را»): شکست

④ 주어(نهاد): ما

☺ 우리는 스스로의 적들을 패배[를] 줄 것이다.

۶번 문제

① 문장의 동사(فعل جمله): کرد

→ «معاینه»를 확장할 수 있기 때문에 «معاینه کرد»은 복합 동사가 아니다.

예: 완전한/ 신속한/ 신체의 검사를…하다.(معاینه‌ی کاملی / سریعی / بدنی / و . . .کرد)

② 문장은 두 개의 목적어를 갖는다.

→ 두 개의 목적어와 함께하는 네 부분의 문장(جمله‌ی چهارجزئی با دو مفعول)

③ 목적어(مفعول): «را»가 있는 목적어(«را»یی): «مرا» 안에;

«را»가 없는 목적어(مفعول بی «را»): معاینه

④ 주어(نهاد): آقای دکتر

☺ 박사님는 상태의 질문을 취한 다음 나를 검사[를] 했다.

۷번 문제

① 문장의 동사(فعل جمله): کشف کردند

→ «کشف کردند»은 복합 동사이다.

② 동사의 통행(گذرا به فعل): 목적어에 통행(گذرا به مفعول)

→ 목적어와 함께하는 세 부분의 문장(جمله‌ی سه جزئی با مفعول)

③ 목적어(مفعول): راه جدیدی

④ 주어(نهاد): پزشکان

☺ 의사들은 새로운 방법을 환자들의 치료[를] 위하여 발견했다.

۸번 문제

① 문장의 동사(فعل جمله): کردند

→ «درمان»를 확장할 수 있기 때문에 «درمان کردند»은 복합 동사가 아니다.

예: 외래 환자의/ 일시적인/ 약의 치료를…하다.(درمان سرپایی / موقتی / دارویی / و . . .کردند)

② 문장은 두 개의 목적어를 갖는다.

→ 두 개의 목적어와 함께하는 네 부분의 문장(جمله‌ی چهارجزئی با دو مفعول)

③ 목적어(مفعول): «را»가 있는 목적어(«را»یی): دویست بیمار;

«را»가 없는 목적어(مفعول بی «را»): درمان

④ 주어(نهاد): پزشکان

☺ 이번 주에 의사들은 대략 이백 명의 환자를 이 센터에서 치료[를] 했다.

۹번 문제

① 문장의 동사(فعل جمله): ایراد کرد → « ایراد کرد»은 복합 동사이다.

② 동사의 통행(گذرا به فعل): 목적어에 통행(گذرا به مفعول)

→ 목적어와 함께하는 세 부분의 문장(جمله‌ی سه جزئی با مفعول)

③ 목적어(مفعول): سخنرانی خود

④ 주어(نهاد): استاد

☺ 교수는, 완전한 능숙함으로 출석자들과 재판관들을 향하여 자신의 강연을 언급했다.

۱۰번 문제

① 문장의 동사(فعل جمله):اشتباه می گیرند → «اشتباه می گیرند»은 **복합 동사**이다.

② 동사의 통행(گذرا به فعل): 추가와 목적어에 통행(گذرا به مفعول و متمم)

→ 추가 및 목적어와 함께하는 네 부분의 문장(جمله‌ی چهار جزئی با مفعول و متمم)

③ 목적어(مفعول): («را» در «مرا») من, ④ 추가(متمم): برادرم، فرامرز

⑤ 주어(نهاد) : همه

☺ 모두 나를 나의 형제, 파러 마르즈와 착각한다.

(9) 연습 문제 9의 풀이

۱번 문제 풀이

① 문장의 동사(فعل جمله): کرد → 단순 동사(فعل ساده): کم کردن = کم نمودن / ساختن / گرداندن

② 동사의 통행(گذرا به فعل): 보어와 목적어에 통행(گذرا به مفعول و متمم)

→ 보어 및 목적어와 함께하는 네 부분의 문장(جمله‌ی چهار جزئی با مفعول و متمم)

☺ [그는] 난로의 불을 작게 했다.

* 보어와 함께하는 세 부분의 문장으로 교환

شعله‌های بخاری را کم کرد → شعله‌ی بخاری کم است (난로의 불이 적게 되다.)

۲번 문제

① 문장의 동사(فعل جمله): رم کردند → 복합 동사(فعل مرکب)

② 동사의 통행(گذرابه فعل): 통행하지 않는 동사(ناگذر) → 두 부분의 문장(جمله‌ی دو جزئی)

☺ 모든 동물들이 자동차의 소리를 듣는 것과 함께 도망갔다.

۳번 문제

① 문장의 동사(فعل جمله): کردم → 단순 동사(فعل ساده)

: روشن کردن = روشن نمودن / ساختن / گرداندن

② 동사의 통행(گذرابه فعل): 보어와 목적어에 통행(گذرا به مفعول و مسند)

→ 보어 및 목적어와 함께하는 네 부분의 문장(جمله‌ی چهار جزئی با مفعول و مسند)

☺ [나는] 집의 모든 불을 켰다.

* 보어와 함께하는 세 부분의 문장으로 교환

تمام چراغ‌های خانه را روشن کردم → تمام چراغ‌های خانه روشن است (집의 모든 불이 켜졌다.)

۴번 문제

① 문장의 동사(فعل جمله): کرده است → 단순 동사(فعل ساده)

예: 간결한/ 명백한 지시를…하다. اشاره‌ی مختصری / آشکاری / و . . .کرده است

② 동사의 통행(گذرابه فعل): 목적어에 통행(گذرا به مفعول)

→ 목적어와 함께하는 세 부분의 문장(جمله ی سه جزئی با مفعول)

③ 목적어(مفعول):اشاره

☺ 허페즈는 그의 약간(몇 편)의 서정시 안에 자신의 시대의 정치의 사건에 암시했다.

۵번 문제

① 문장의 동사(فعل جمله): کرد → 단순 동사(فعل ساده)

: مشخص کرد = مشخص نمود / ساخت / گرداند

② 동사의 통행(گذرابه فعل): 보어와 목적어에 통행(گذرا به مفعول و مسند)

→ 보어 및 목적어와 함께하는 네 부분의 문장(جمله‌ی چهار جزئی با مفعول و مسند)

③ 목적어(مفعول): موضوع انشاء

☺ 교수는 작문의 주제를 결정되게 했다.

* 보어와 함께하는 세 부분의 문장으로 교환

استاد موضوع انشاء را مشخص کرد → موضوع انشاء مشخص است

(작문의 주제가 결정되었다.)

۶번 문제

① 문장의 동사(فعل جمله): ایجاد کرده است → 복합 동사(فعل مرکب)

② 동사의 통행(گذرا به فعل): 목적어에 통행(گذرا به مفعول)

→ 목적어와 함께하는 세 부분의 문장(جملهی سه جزئی با مفعول)

③ 목적어(مفعول): موجهای عظیمی

☺ 지진은 거대한 파도들을 바다 안에 형성했다.

۷번 문제

① 문장의 동사(فعل جمله): کردم → 단순 동사(فعل ساده)

② 동사의 통행(گذرابه فعل): 보어와 목적어에 통행(گذرا به مفعول و مسند)

→ 보어 및 목적어와 함께하는 네 부분의 문장(جملهی چهار جزئی با مفعول و مسند)

③ 목적어(مفعول): او

④ 보어(مسند): رئیس مدرسه

☺ 나는 그를 교장이 되게 하였다.

(10) 연습 문제 10

۱번 문제 풀이

① 문장의 동사(فعل جمله): می پنداشتند، به شمار می آوردند = می دانستند

② 동사의 통행(گذرابه فعل): 보어와 목적어에 통행(گذرا به مفعول و مسند)

→ 보어 및 목적어와 함께하는 네 부분의 문장(جملهی چهار جزئی با مفعول و مسند)

③ 보어(مسند): مرکز عالم , ④ 목적어(مفعول): زمین

⑤ 주어(نهاد): دانشمندان جهان

☺ 2000년 넘게, 세계의 학자들은 프톨레미의 천동설의 영향 아래, 땅을 세계의 중심으로 알고 있었다.

۲번 문제

① 문장의 동사(فعل جمله): به شمار می آوردند = می دانستند

② 동사의 통행(گذرابه فعل): 보어와 목적어에 통행(گذرا به مفعول و مسند)

→ 보어 및 목적어와 함께하는 네 부분의 문장(جملهی چهار جزئی با مفعول و مسند)

③ 보어(مسند): موثرتر از درمان, ④ 목적어(مفعول): پیشگیری

⑤ 주어(نهاد): پزشکان

☺ 오래 전부터 의사들은 예방을 치료보다 효과적으로 알고 있었다.

۳번 문제

① 문장의 동사(فعل جمله): تشخیص می دهند → 복합 동사(فعل مرکب)

② 동사의 통행(گذرا به فعل): 목적어에 통행(گذرا به مفعول)

→ 목적어와 함께하는 세 부분의 문장(جمله‌ی سه جزئی با مفعول)

③ 목적어(مفعول): بسیاری از بیماری ها

④ 주어(نهاد): پزشکان

☺ 오늘날 의사들은 진료소 검사의 도움으로 많은 환자들을 진단한다.

۴번 문제

① 문장의 동사(فعل جمله): تشخیص دادند → 복합 동사(فعل مرکب)

② 동사의 통행(گذرا به فعل): 보어와 목적어에 통행(گذرا به مفعول و مسند)

→ 보어 및 목적어와 함께하는 네 부분의 문장(جمله‌ی چهار جزئی با مفعول و مسند)

③ 보어(مسند): مبتلا به کم خونی

④ 주어(نهاد): پزشکان(생략되었다)

☺ [의사들은] 많은 검사들 다음 마리얌을 빈혈에 걸린 것으로 진단했다.

۵번 문제

① 문장의 동사(فعل جمله): امکان داشت = می شد

② 동사의 통행(گذرا به فعل): 통행하지 않는 동사(نا گذر) → 두 부분의 문장(جمله‌ی دو جزئی)

☺ 항상 반이 빈 컵을 반 가득 채운 것으로 보는 것이 가능했으면 좋겠다.

۶번 문제

① 문장의 동사(فعل جمله): در نظر گرفت، به شمار آورد = اعلام کرد

② 동사의 통행(گذرا به فعل): 보어와 목적어에 통행하는 동사(فعل گذرا به مفعول و مسند)

→ 보어 및 목적어와 함께하는 네 부분의 문장(جمله‌ی چهار جزئی با مفعول و مسند)

③ 보어(مسند): پارک ملی, ④ 목적어(مفعول): این منطقه

⑤ 주어(نهاد): سازمان حفاظت

☺ 환경 보존 기구는 이 지역을 국민의 공원으로 설명했다(발표했다).

۷번 문제

① 문장의 동사(فعل جمله): داده است → 현재 완료

«جلوه»를 확장할 수 있기 때문에 « جلوه داده است »은 복합 동사가 아니다.

예: 다수의 빛남/ 특별한 빛남을…준다(جلوه‌ی خاصی، جلوه‌ی بسیار / و . . . داده است)

② 동사의 통행(گذرا به فعل): 추가와 목적어에 통행하는 동사(فعل گذرا به مفعول و متمم)

→ 추가 및 목적어와 함께하는 네 부분의 문장(جمله‌ی چهار جزئی با مفعول و متمم)

③ 목적어(مفعول): جلوه, ④ 추가(متمم): آن

⑤ 주어(نهاد): رنگ‌های گرم و زنده ای به کار رفته

☺ 이 카펫 안에 사용된 따뜻하고 살아있는 색깔은 그것에 빛남을 주었다.

۸번 문제

① 문장의 동사(فعل جمله): نشان می دهد، می نمایاند = جلوه می دهد
② 동사의 통행(گذرا به فعل): 보어와 목적어에 통행하는 동사(فعل گذرا به مفعول و مسند)
→ 보어 및 목적어와 함께하는 네 부분의 문장(جملهی چهار جزئی با مفعول و مسند)
③ 보어(مسند): کمتر
④ 목적어(مفعول): سن شما
⑤ 주어(نهاد): این لباس

☺ 이 옷은 당신의 나이를 보다 적게 보이게 한다.

۹번 문제

① 문장의 동사(فعل جمله): فرض می کنیم
② 동사의 통행(گذرا به فعل): 보어와 목적어에 통행하는 동사(فعل گذرا به مفعول و مسند)
→ 보어 및 목적어와 함께하는 네 부분의 문장(جملهی چهار جزئی با مفعول و مسند)
③ 보어(مسند):
④ 목적어(مفعول): 문장 «این دو زاویه با هم برابر باشند»이 종속 목적어(목적절)
⑤ 주어(نهاد): ما(생략되었다)

☺ [우리는] 이 두 각이 서로 동등하다는 것을 생각한다.

۱۰번 문제

① 문장의 동사(فعل جمله): فرض می کنیم = به شمار می آوریم
② 동사의 통행(گذرا به فعل): 보어와 목적어에 통행하는 동사(فعل گذرا به مفعول و مسند)
→ 보어 및 목적어와 함께하는 네 부분의 문장(جملهی چهار جزئی با مفعول و مسند)
③ 보어(مسند): برابر با هم = با هم برابر , ④ 목적어(مفعول): این دو زاویه
⑤ 주어(نهاد): ما(생략되었다)

☺ [우리는] 이 두 각을 서로 동등하다고 생각한다.

(11) 연습 문제 11의 풀이

۱번 문제

(1) 첫 번째 문장

① 문장의 동사(فعل جمله): باشد
② 동사의 통행(گذرا به فعل): 보어에 통행하는 동사(فعل گذرا به مسند)
→ 보어와 함께하는 세 부분의 문장(جملهی سه جزئی با مسند)
③ 보어(مسند): جنگل

(2) 두 번째 문장

① 문장의 동사(فعل جمله): پرمی کنم → 복합 동사(فعل مرکب)

② 동사의 통행(گذرابه فعل): 추가와 목적어에 통행하는 동사(فعل گذرا به مفعول و متمم)

→ 추가 및 목적어와 함께하는 네 부분의 문장(جملهٔ چهار جزئی با مفعول و متمم)

③ 목적어(مفعول): کوله بارم , ④ 추가(متمم): غذا

⑤ 주어(نهاد): من(생략되었다)

☺ 만약 나의 목적지가 숲이라면, 나의 차를 음식으로 가득 채우겠다.

۲번 문제

① 문장의 동사(فعل جمله): به شمار می آوردند = می دانند

② 동사의 통행(گذرابه فعل): 보어와 목적어에 통행하는 동사(فعل گذرا به مفعول و مسند)

→ 보어 및 목적어와 함께하는 네 부분의 문장(جملهٔ چهار جزئی با مفعول و مسند)

③ 목적어(مفعول): زبان , ④ 보어(مسند): یک نظام

⑤ 주어(نهاد): زبان شناسان

☺ 언어 학자들은 언어를 하나의 규칙(체계)으로 생각한다.

۳번 문제

(1) 첫 번째 문장

① 문장의 동사(فعل جمله): است

② 동사의 통행(گذرابه فعل): 보어에 통행하는 동사(فعل گذرا به مسند)

→ 보어와 함께하는 세 부분의 문장(جملهٔ سه جزئی با مسند)

③ 보어(مسند): قهر

④ 주어(نهاد): او(→ سگی, 생략되었다)

(2) 두 번째 문장

① 문장의 동사(فعل جمله): می گیرد = در نظر می گیرد، فرض می کند

② 동사의 통행(گذرابه فعل): 보어와 목적어에 통행하는 동사(فعل گذرا به مفعول و مسند)

→ 보어 및 목적어와 함께하는 네 부분의 문장(جملهٔ چهار جزئی با مفعول و مسند)

③ 목적어(مفعول): صدای پا ی دزد , ④ 보어(مسند): نشنیده

⑤ 주어(نهاد): سگی

☺ 주인과 불쾌한 개는 도둑의 발의 소리를 듣지 못한 것으로 생각한다.

۴번 문제

(1) 첫 번째 문장

① 문장의 동사(فعل جمله): دارد

«آرزو»를 확장할 수 있기 때문에 «آرزو دارد»는 복합 동사가 아니다.

② 동사의 통행(گذرابه فعل): 목적어에 통행하는 동사(فعل گذرا به مفعول)

→ 목적어와 함께하는 세 부분의 문장(جملهی سه جزئی با مفعول)

③ 목적어(مفعول): آرزو

④ 주어(نهاد): گربه

(2) 두 번째 문장

① 문장의 동사(فعل جمله): نمایند، سازند، گردانند، = کند

② 동사의 통행(گذرابه فعل): 보어와 목적어에 통행하는 동사(فعل گذرا به مفعول و مسند)

→ 보어 및 목적어와 함께하는 네 부분의 문장(جملهی چهار جزئی با مفعول و مسند)

③ 목적어(مفعول): فاصله ی بین گام هایش , ④ 보어(مسند): پر

⑤ 주어(نهاد): موش

☺ 고양이는 희망을 갖는다 그의 발 사이 가운데 간격을 쥐가 가득차게 한 것 때문에.

۵번 문제

① 문장의 동사(فعل جمله): می نمایند، می سازند، می گردانند، = می کنند

② 동사의 통행(گذرابه فعل): 보어와 목적어에 통행하는 동사(فعل گذرا به مفعول و مسند)

→ 보어 및 목적어와 함께하는 네 부분의 문장(جمله ی چهار جزیی با مفعول و مسند)

③ 목적어(مفعول): صدای پایشان , ④ 보어(مسند): محبوس

⑤ 주어(نهاد): مسافران

☺ 여행객들은 그들의 발소리를 버스 안에서 감금되게 한다.

۶번 문제

① 문장의 동사(فعل جمله): می کنند

② 동사의 통행(گذرابه فعل): 목적어에 통행하는 동사(فعل گذرا به مفعول)

→ 목적어와 함께하는 세 부분의 문장(جملهی سه جزئی با مفعول)

③ 목적어(مفعول): احساس تنهایی

④ 주어(نهاد): خطوط موازی

☺ 평행한 줄은 고독한 느낌을 한다.

۷번 문제

① 문장의 동사(فعل جمله): رسید

② 동사의 통행(گذرابه فعل): 추가에 통행하는 동사(فعل گذرا به متمم)

→ 추가와 함께하는 세 부분의 문장(جملهی سه جزئی با متمم)

③ 추가(متمم): راه

④ 주어(نهاد): پدر علی

☺ 알리의 아버지가 길로부터 도착했다.

۸번 문제

① 문장의 동사(فعل جمله): گوش می کنم → 복합 동사(فعل مرکب)

② 동사의 통행(گذرابه فعل): 추가에 통행하는 동사(فعل گذرا به متمم)

→ 추가와 함께하는 세 부분의 문장(جمله ی سه جزیی با متمم)

③ 추가(متمم): صدای گامهای شب گرد

④ 주어(نهاد): من(생략되었다.)

☺ [나는] 빗방울의 침묵 사이의 간격 안에 밤의 배회자의 걸음 소리에 경청하다.

۹번 문제

① 문장의 동사(فعل جمله): می سازد = می نماید، می کند، می گرداند،

② 동사의 통행(گذرابه فعل): 보어와 목적어에 통행하는 동사(فعل گذرا به مفعول و مسند)

→ 보어 및 목적어와 함께하는 네 부분의 문장(جمله ی چهار جزیی با مفعول و مسند)

③ 목적어(مفعول): موجودات , ④ 보어(مسند): سیر

⑤ 주어(نهاد): گرسنگی

☺ 배고픔은 창조물(존재물)들을 삶으로부터 싫어지게 한다.

→ 의역: 배고픔은 창조물(존재물)들을 삶으로부터 지치게 한다.

۱۰번 문제

(1) 첫 번째 문장

① 문장의 동사(فعل جمله): نبود = وجود داشت

② 동사의 통행(گذرابه فعل): 통행하지 않는 동사(فعل نا گذر)

→ 두 부분의 문장(جملهی دو جزئی)

③ 주어(نهاد): اگر آیینه

☺ 만약 거울이 없었다면

(2) 두 번째 문장

① 문장의 동사(فعل جمله): می دانستم = می پنداشتم

② 동사의 통행(گذرابه فعل): 보어와 목적어에 통행하는 동사(فعل گذرا به مفعول و مسند)

→ 보어 및 목적어와 함께하는 네 부분의 문장(جمله ی چهار جزیی با مفعول و مسند)

③ 목적어(مفعول): خود, ④ 보어(مسند): جوان

⑤ 주어(نهاد): من(생략되었다)

☺ [나는] 항상 스스로를 젊게 생각했다

(12) 연습 문제 12의 풀이

۱- انسان‌های موفق همیشه رویاهای بزرگ در ذهن می پرورانند.

نهاد / قید / مفعول / قید / فعل

① 문장의 동사(فعل جمله): می پرورانند

② 동사의 통행(گذرا به فعل): 목적어에 통행하는 동사(فعل گذرا به مفعول)

→ 목적어와 함께하는 세 부분의 문장(جمله‌ی سه جزئی با مفعول)

☺ 성공한 사람들은 항상 큰 꿈을 생각 안에 품는다.

۲- اندیشه‌های امروز ما سرنوشت فردای ما را رقم می زند.

نهاد / مفعول / فعل

① 문장의 동사(فعل جمله): رقم می زند → 복합 동사(فعل مرکب)

② 동사의 통행(گذرا به فعل): 목적어에 통행하는 동사(فعل گذرا به مفعول)

→ 목적어와 함께하는 세 부분의 문장(جمله‌ی سه جزئی با مفعول)

☺ 우리의 오늘 생각들은 우리의 내일의 운명을 그린다.

۳- برای ایجاد تغییرات مثبت در زندگی از قدرت اندیشه و ذهن کمک می گیریم.

قید / متمم فعل / مفعول / فعل

① 문장의 동사(فعل جمله): می گیریم

② 동사의 통행(گذرا به فعل): 목적어에 통행하는 동사(فعل گذرا به مفعول)

→ 목적어와 함께하는 세 부분의 문장(جمله‌ی سه جزئی با مفعول)

③ 주어(نهاد): ما(생략되었다)

☺ [우리는] 삶 안에 긍정적인 변화들의 형성을 위하여 기억과 생각의 능력으로부터 도움을 취한다.

۴- ایرانیان قدیم به آداب و رسوم، سنت‌ها و داستان‌های باستانی خود علاقه می ورزیدند.

نهاد / مفعول / مسند / فعل

① 문장의 동사(فعل جمله): می ورزیدند

② 동사의 통행(گذرا به فعل): 보어와 목적어에 통행하지 않는 동사(فعل گذرا به مفعول و مسند)

→ 보어 및 목적어와 함께하는 네 부분의 문장(جمله ی چهار جزیی با مفعول و مسند)

☺ 과거의 이란 사람들은 예절과 관습, 스스로의 전통들과 고대의 이야기들에 흥미를 품었다

۵- تنها یک گل از گل‌های گلستان، زیبا و دل فریب می نماید.

نهاد / متمم اسم / مسند / فعل

① 문장의 동사(فعل جمله): می نماید

② 동사의 통행(گذرا به فعل): 추가와 목적어에 통행하지 않는 동사(فعل گذرا به مفعول و متمم)

→ 추가 및 목적어와 함께하는 네 부분의 문장(جمله ی چهار جزیی با مفعول و متمم)

☺ 유일하게 화원의 꽃들 가운데 하나의 꽃이 아름다움과 매력을 나타낸다.

۶ - تمجید و تشویق، چرخ‌هاي ماشین زندگي را روغن مي زند.

نهاد / مفعول / مفعول / فعل

① 문장의 동사(فعل جمله): می زند

→ 두 개의 목적어와 함께하는 네 부분의 문장(جملهی چهار جزئی با دو مفعول)

☺ 격려와 칭찬은, 삶의 자동차의 바퀴들을 기름칠[을] 한다.

۷ - انسان کینه توز همیشه زخم‌های روح خود را تازه می گذارد.

نهاد / مفعول / مسند / فعل

① 문장의 동사(فعل جمله): می گذارد

② 동사의 통행(گذرابه فعل): 보어와 목적어에 통행하는 동사(فعل گذرا به مفعول و مسند)

→ 보어 및 목적어와 함께하는 네 부분의 문장(جمله ی چهار جزیی با مفعول و مسند)

☺ 복수심이 강한 사람은 항상 자신의 영혼에 상처들을 새롭게 한다.

۸ - همه‌ی کار های انسان برای رسیدن به لذت یا رها شدن از رنج است.

نهاد / متمم / فعل

① 문장의 동사(فعل جمله): است

② 동사의 통행(گذرابه فعل): 보어에 통행하는 동사(فعل گذرا به مسند)

→ 보어와 함께하는 세 부분의 문장(جمله‌ی سه جزئی با مسند)

☺ 사람의 모든 일은 고통으로부터의 기쁨에 이르는 것 또는 해방되는 것을 위하여 존재한다(있다).

۹ - با پشتکار و شکیبایی، برگ درخت توت تبدیل به جامه‌ای ابریشمی می شود.

نهاد / متمم(جا نشین اسم) / فعل

① 문장의 동사(فعل جمله): می شود

② 동사의 통행(گذرابه فعل): 추가에 통행하는 동사(فعل گذرا به متمم)

→ 추가와 함께하는 세 부분의 문장(جمله‌ی سه جزئی با متمم)

☺ 인내로, 뽕나무 잎은 비단 옷으로 변화된다.

۱۰ - داستان‌های شاهنامه ی فردوسی با به تخت نشستن کیومرث شروع می شود.

نهاد / فعل

① 문장의 동사(فعل جمله): شروع می شود

② 동사의 통행(گذرابه فعل): 통행하지 않는 동사(فعل نا گذر)

→ 두 부분의 문장(جمله‌ی دو جزئی)

☺ 페르도쉬의 민족 대서사시는 캬유마르쓰가 왕위에 오르는 것으로부터 시작된다.

* 색인(Index: نمایه)

* 참고 서적(فهرست منابع ومآخذ)

① 페르시아어 문법 1 (دستور زبان فارسی ۱)
(Hassan Anvari Ph. D., Hassan Ahmadi Givi Ph.D.; Persian Grammar 1; Fatemi Caltural Institute[مؤسسه فرهنگی فاطمی]; TEHRAN: 2005)

② 페르시아어 문법 2 (دستور زبان فارسی ۲)
(Hassan Anvari Ph. D., Hassan Ahmadi Givi Ph.D.; Persian Grammar 2; Fatemi Caltural Institute[مؤسسه فرهنگی فاطمی]; TEHRAN: 2005)

③ 페르시아어 문법 1 (دستور زبان فارسی ۱)
(Taghi Vahidian Kamyar Ph. D., Gholam Reza Emrani; Persian Grammar 1 SAMT Publication[سمت]; TEHRAN: 2007)

④ 고등학교 페르시아어 교과서 1 (زبان فارسی دبیرستان ۱)
(Persian Langueage [for Iranian high school students] book1;
شرکت چاپ و نشرکتاب های درسی ایران; THRAN: 2007)

⑤ 고등학교 페르시아어 교과서 2 (زبان فارسی دبیرستان ۲)
(Persian Langueage [for Iranian high school students] book 2;
شرکت چاپ و نشرکتاب های درسی ایران; THRAN: 2007)

⑥ 고등학교 페르시아어 교과서 3 (زبان فارسی دبیرستان ۳)
(Persian Langueage [for Iranian high school students] book 3;
شرکت چاپ و نشرکتاب های درسی ایران; THRAN: 2007)

⑦ 페르시아어 2(زبان فارسی ۲)
(Gholam Reza Emrani, Hamun Sebti; Persian Language 2; انتشارات مبتکران; TEHRAN: 2005)

⑧ 페르시아어 교육 기초 과정 책 2 (آموزش زبان فارسی دورهٔ مقدماتی کتاب دوم)
(Yadollah Samareh Ph. D; Persian Language Teaching[AZFA], Book 2, Elementary Course, alhoda Publisher and Distributors[انشارات بین المللی الهدی]; TEHRAN :1993)